会計人コース BOOKS　中央経済社［編］

税理士試験 財務諸表論 直前予想問題集

令和6年度

本試験を完全攻略

かえるの簿記論・財務諸表論

東京CPA会計学院

この他流試合が合格力を高める!

千葉商科大学 瑞穂会

試験委員と同じ立場である 学者×実務家のコラボ

中央経済社

目　次

本書の使い方

この1冊で!!

・「専門学校」の予想問題が一挙に解ける！

・「学者×実務家」のコラボ模試が解ける！

本書は，専門学校の予想問題が横断的に見られる唯一の問題集として，毎年，読者の皆さまからご好評いただいています。合格者から，「この『直前予想問題集』のおかげで実戦力を高められた！」という声も寄せられています。

さらに，試験委員と同じ立場である「学者×実務家」が作成した問題をコラボ模試として掲載しているのも特徴の一つです。さまざまな出題者による問題を解くことで，いつもとは一味違う模試を体感できるハズ。本書をフル活用して，合格力を高めましょう！

■出題者■
第１回　かえるの簿記論・財務諸表論
第２回　東京CPA会計学院
第３回　瑞穂会（千葉商科大学）
第４回　学者：澤井 康毅（埼玉大学准教授）× 実務家：関口高弘（公認会計士）

Step1　誌上模試で「実戦力」を身につけよう！

本試験で実力を発揮するためには，日頃のアウトプット・トレーニングが欠かせません。
いかに本番を想定して，対策できるかがカギです。

POINT

- 「制限時間は２時間」時間配分を意識すること
- 本試験の開始時間に合わせてスタートすれば効果大（財務諸表論は12時30分から開始）

慣れている勉強場所とは違うシチュエーションで取り組むと，「集中力」を高める練習にも!!

Step2　見直しで苦手や弱点を克服しよう！

答え合わせをしたら，正答・誤答にかかわらず「解答・解説」を確認しましょう。

自分の理解が正しかったか，間違った原因は何かを分析し，克服することで，まだまだ実力は伸びるはずです。

POINT

- 「出題者の意図」をチェック
- 「直前期の模試・答練を効率的に復習する方法」（p.viii ～）を参考に復習

得意な論点よりも，苦手や弱点をなくす方が「点数の伸び幅」は大きい!!

Step3　繰り返し解いて，実力UPしよう！

学習効果を高めるためには，解きっぱなしにしないこと。同じ問題を繰り返し解くことで，自分の弱点発見にもつながります。「解答用紙」をコピーするなどして，解き直しましょう。

POINT

- 制限時間を２時間→1.5時間に短縮してチャレンジ
- 取捨選択を意識して，回数を重ねるごとに点数UP

本試験で最高のパフォーマンスができるように，実力を上げるイメージを!!

こちらもオススメ！

簿記論も同時に受験される方は，
『税理士試験　簿記論　直前予想問題集』も要チェックです。
【出題者】
ネットスクール，瑞穂会，LEC東京リーガルマインド，学者×実務家のコラボ模試
誌上模試４回分

予想問題を分析！ 財務諸表論

今年はココが狙われる

財務諸表論における出題論点を一覧にまとめました。例年どおり，満遍なく出題されていることがわかります。基礎項目をしっかり得点できるようにしましょう。

〔第一問〕・〔第二問〕出題予想項目

論　　点	かえるの簿記論・財務諸表論	東京CPA会計学院	瑞穂会	学者×実務家
概念フレームワーク		○		○
収益認識基準		○		
棚卸資産	○	○	○	○
固定資産	○		○	○
繰延資産			○	
減損会計				○
退職給付会計			○	
純資産会計				○
税効果会計	○			
会計観	○	○	○	
金融資産		○		○
割引現在価値（リース・資産除去債務等）	○			
企業結合会計				○

〔第三問〕出題予想項目

論　　点	かえるの簿記論・財務諸表論	東京CPA会計学院	瑞穂会	学者×実務家
現金預金	○	○	○	○
小口預金				
銀行勘定調整表（当座預金照合表）			○	○
売上債権	○	○	○	○
手形取引	○			
金融商品会計				
有価証券	○	○	○	○
債権評価	○			○
デリバティブ			○	○
棚卸資産	○		○	○
固定資産取引				
減価償却	○	○	○	○
購入・買換・建設	○	○	○	
資本的支出・収益的支出	○	○		
資産除去債務	○		○	○

論　点	かえるの簿記論・財務諸表論	東京CPA会計学院	瑞穂会	学者×実務家
リース会計	○	○	○	○
減損会計	○			○
無形固定資産	○	○		○
繰延資産	○			
借入金	○	○	○	○
社債取引	○	○	○	
新株予約権付社債	○			
社債発行費				
引当金				
貸倒引当金	○	○	○	○
賞与引当金	○	○	○	
退職給付会計	○	○	○	○
純資産（資本）取引				
増資・減資				
準備金・その他剰余金の増減				
剰余金の配当		○	○	
新株予約権	○			
自己株式	○	○		○
ストック・オプション				○
分配可能限度額				
税効果会計	○	○	○	○
合併・企業結合				○
事業分離		○	○	
工事契約会計				
税金の処理		○	○	
法人税等	○	○	○	○
消費税	○	○	○	○
圧縮記帳		○		
外貨建取引	○	○	○	○
為替予約		○	○	
本支店会計				
連結会計			○	
製造業	○			○
収益認識会計		○		○

解　答　形　式	かえるの簿記論・財務諸表論	東京CPA会計学院	瑞穂会	学者×実務家
仕訳				
残高試算表				
損益勘定				
残高勘定				
製造原価報告書	○			○
貸借対照表	○	○	○	○
損益計算書	○	○	○	○
キャッシュ・フロー計算書				
個別注記表		○		

出題者からのアドバイス　直前期の模試・答練を効率的に復習する方法

かえるの簿記論・財務諸表論

(1)《理論》誰かに日本語を採点してもらおう！

理論の採点をしていて感じるのは，会計学以前の日本語の部分でずいぶん失点をしている人が多いなあ，ということです。この日本語の部分に関しては，別に資格学校の先生や会計に詳しい人に添削してもらう必要はなく，家族や友人にでも添削してもらえるはずなので，ぜひ実践してもらいたいと思います。

理論をがんばって理解して得点力を上げるのももちろん重要ですが，**日本語の部分で失点をしないことも同じぐらい重要**です。というか，日本語で失点しないようにするのは，理論の理解にかける時間よりもずっと少なくて済むので，直前期に非常に効果的です。

※　可能であれば，週イチでもいいので，受験生同士が答案を交換して採点し合うのがベストです（お互いが，会計の知識をある程度有しているので）。「人の振り見て我が振り直せ」の通り，他人の答案を採点することで採点者の気持ちもわかるようになり，字は丁寧に書く，適宜改行する等，採点者に好意的に採点してもらうための対策がわかるようになってきます。

(2)《計算》すべての論点を復習しない！

通常期と直前期で問題集や模擬試験の使い方を変えない受験生がとても多い気がしています。

通常期は，いわゆる満点を取る練習，つまり，問題として出題されたもの全てに対し，じっくり時間をかけて復習し，全ての論点を自分のモノにしていく，そういった学習方法が必要とされます。

しかし，直前期にそんな勉強方法をしているといくら時間があっても足りません。直前期においては，資格学校の先生が書いた，すなわちプロが書いた解答解説を読み込んでも理解できないような問題は復習する必要ありません。プロが書いた解答解説を読み込んでも理解できない，ということは，今の自分の学力の数段上のレベルの問題，ということになります。そのような自分のいるレベルと大きく異なるレベルの問題は本試験で「とばす」はずです。本試験で手をつけない予定のレベルの問題の復習なんて直前期にしている時間はありません。解答解説を見て「あ～，なるほど!! こう解くのか !! 」とすぐに間違えたポイントを把握できる問題，つまり，今の自分の学力の**ワンランク上の問題**だけしっかりと復習していくようにしましょう。

(3)《計算》焦ったときの自分を知ろう！

みなさんは資格学校で実施される答練や市販の模擬試験問題を解答する際，時間を計ると思います。そして，その答練や模擬試験問題を**繰り返し解く**と思います。

ということで，2回目以降，つまり，繰り返し解く際は，1回目に解いた時間に3分の2もしくは2分の1を乗じて，あえて「本試験で時間配分をミスってめちゃくちゃ焦って第3問を解くことになった場合」の予行演習をします。理論に関しては，基本的に焦っても字が乱雑になる程度で済むのですが，計算はありえないケアレスミスをやらかすことになります。そこで，**（普段は間違えないけれど）焦ったときだけやらかしてしまう論点**をここで把握しておくのです（例えば，有価証券の評価）。そして，言い換えれば，どれだけ焦ってもやらかさない論点（例えば，減価償却）を把握します。

これをやっておくと，万が一，本試験で時間配分を間違えても，「よし！　減価償却はどれだけ焦っても間違えない論点だから，光のスピードで片付けるぜ！」，「おおう，有価証券の評価はやらかすところだから，時間がないとはいっても慎重に解くぜ！」というように被害を最小限に食い止めることができます。そもそも一度解いた問題を同じ時間で解くことはナンセンスなので，ぜひこの**焦ったときの自分のやらかし論点発見**を試してみてください。

出題者からのアドバイス　直前期の模試・答練を効率的に復習する方法

東京CPA会計学院

◆理論編

これまでは，「計算」と「理論」のうち「計算」に時間を配分する学習スタイルだったと思います。5月以降はその時間の配分を逆転させる必要があります。量の目安は，個人のレベルにもよりますが，「計算」が安定的に7割以上得点できている人は理論中心の学習スタイルへ，それ以外の人は計算が安定するまでバランスをとりながら学習していくことをおすすめします。理論学習は，丁寧さよりも回転数をあげて，すべての論点を何度も回すことが重要です。

〈5月～6月〉

量的には，「理論」の全論点について網羅的に再確認をしましょう。特に，「企業会計原則」，「外貨建取引等会計処理基準」，「ストック・オプション等に関する会計基準」，「棚卸資産の評価に関する会計基準」，「金融商品に関する会計基準」，「資産除去債務に関する会計基準」，「会計方針の開示，会計上の変更及び誤謬の訂正に関する会計基準」，「包括利益の表示に関する会計基準」，「退職給付に関する会計基準」，「収益認識に関する会計基準」，「討議資料財務会計の概念フレームワーク」を中心に復習しましょう。

また，質的には，各理論の論点がどのような見解か，どのような議論なのかをはっきりさせることが肝要です。論点がずれるとその理論の基本的な考え方の本質を見失うことになります。

〈試験直前1ヵ月前〉

量的には，苦手な論点を中心に網羅的に総確認をしましょう。

質的には，一度の丁寧なインプットは，長期的な記憶になりにくい場合が多いため，すべての論点を何度も何度も回していくことが理論の長期的な定着につながります。

〈試験直前1週間前〉

すべての論点の基本的な考え方の「キーワード」や「キーエッセンス」が頭の中に描けるようにしておくことがベストです。

◆計算編

理論編でも述べているとおり，個人のレベルによって学習スタイルが変わりますが，計算に関しては「解答へのプロセスをきちんと整理できているかどうか」がポイントになります。

理論中心の学習スタイルをこれから行う人は，計算問題を解くさい，「どのようなプロセスが解答までの一番近い道となるか」を研究してください。プロセスが短くなれば，時間内に処理できる量が増えるため，得点アップにつながります。

一方，バランスをとりながら学習していく人は，「確実に解答が出せるようにプロセスを整理しながらアウトプットしていく」ようにしましょう。

特に，試験直前1週間前は，理論を中心とした学習スタイルをおすすめします。そのため，試験直前1週間前までにアウトプットの力をつけていきましょう。

出題者からのアドバイス　直前期の模試・答練を効率的に復習する方法

瑞　穂　会

1　理論のアウトプット練習をしよう！

財務諸表論は毎年約１万人以上が受験するため，試験委員は１万枚以上の答案用紙を採点します。採点する試験委員のためにも，問題に対する解答を端的に示したあとに，理由づけとなる理論を解答する，字をなるべく読みやすくするといった，答案作成の工夫も重要です。以下の注意点に気をつけながらアウトプットの練習をしてください。

〈答案を作成するときの注意点〉

- ☑ 問題の内容を適切に把握し，それに対する答えを正確に解答する。
- ☑ 解答に強調すべきキーワードを書く。
- ☑ 会計に関する専門用語は正確に書く。
- ☑ 曖昧なことは無理に書かない。
- ☑ 解答欄の８割程度まで記入することを目指す。
- ☑ 理論の解答に「満点答案」はあり得ない。

2　ケアレスミスをしないようにしよう！

学習過程で，ケアレスミスを起こしてしまう時があります。ケアレスミスを完全になくすことは難しいですが，ケアレスミス対策は非常に重要で，減らすことは可能です。ケアレスミスは次の４つから生じることが多いです。

〈よくあるケアレスミス〉

- ☑ 問題の読み間違い
- ☑ メモ用紙の記入ミス（金額など）
- ☑ 電卓の誤入力による計算ミス
- ☑ 解答用紙への誤記入

上記４つのうち，自分がどのミスをよくするかを分析して，弱点を把握します。上記４つのカテゴリに分類して，それぞれのカテゴリごとに具体的なケアレスミスを箇条書きでルーズリーフなどにメモしておくとよいでしょう。

さらに，問題を演習する時には，メモしたケアレスミスを頭の中で思い出してから解くと効果的です。私は，ソフトウェアの償却年数の読み間違えやメモ用紙への記入ミスなどが多かったのですが，事前にメモを見返すことで減らすことができました。実は自分が得意な論点ほど，ケアレスミスを引き起こしやすいため，読み取った問題の解釈が合っているかを再確認するなどの対策も必要です。

3　振り返り学習教材の視点から見る本書の使い方

本書の中でも難易度の高い問題は，再受験生向きのレベルに対応しています。再受験生は新たな課題の発見をして，現状よりもレベルを高める必要があります。難易度の高い問題を演習することは学習効果がとても高いです。また，初学者で，あまり点数が獲得できなかった人は，その後の復習方法によって理解度がさらに向上しますので焦らず学習を進めましょう。

〈まとめ〉

① 本試験を想定して「実践力」を身につける！：時間配分の訓練
② 苦手論点を発見し，ピンポイントで振り返り学習を行う！：習熟度別の復習
③ 繰り返し問題を解き実力をアップする！：経験値の向上

出題者からのアドバイス　直前期の模試・答練を効率的に復習する方法

学者×実務家のコラボ模試

◆理論対策

今回は,「測定」や「支配」概念をテーマに問題を作成しましたが，これらに限らず，基礎概念を理解することは大変重要です。「実現」や「リスクからの解放」といった基礎概念は，抽象的なこともあり，概念フレームワークや企業会計原則を読んでいても中々頭に入ってきません。望ましい勉強方法は，**基礎概念とその適用事例である個別基準を関連付けて理解する**ことです。日々の講義や答練に追われていると，具体的なイメージの湧きにくい基礎概念は後回しになり，個別基準ごとの学習に陥りがちです。個別基準は上位の基礎概念と整合的に策定されるものであるため（質的特性である「内的整合性」)，各個別基準には通底する基礎概念があります（例外もありますが)。資産の「測定」については，今回挙げた論点だけでなく，金銭債権の評価や繰延税金資産の回収可能性の評価といった論点もあります。「支配」という概念に着目するのであれば，関連する「金融商品に関する会計基準」,「連結財務諸表に関する会計基準」,「収益認識に関する会計基準」,「リース取引に関する会計基準」等を横断的に確認する作業をやってみてもよいと思います。

第一問と第二問については，基本的な論点が多く問われている印象があり，埋没問題も少なく，高得点の獲得が可能な年も散見されます。したがって，直前期であるからこそ，**手を広げすぎず，基礎的な問題を丁寧に解きなおすことが重要**です。簿記論で学習している仕訳，計算の背景にどのような論理が存在するのか，両者を紐づけて理解している人は意外に多くありません。なお，理解も大切ですが，現実には本番で正確なアウトプットができるよう，キーとなる用語やフレーズを暗記していることも必須です。経験上，当初よく理解していなかった事項でも，暗記と反復的なアウトプットによって理解が深まる場合があります。分からないところは割り切って，基本的論点の理解と暗記をバランスさせながら，直前期を過ごしてみてください。

（澤井康毅）

◆計算対策

財務諸表論の計算の総合問題は，商業を前提とするか製造業を前提とするかの違いはあるにせよ，過去問を見ていただければわかる通り，毎年似たような論点で，似たような問題が出題されます。

そのため，本試験の頻出論点である現金預金，金銭債権の評価（貸倒引当金)，棚卸資産，有形固定資産，退職給付引当金，諸税金，税効果会計等の一般簿記の基本的な論点を幅広くしっかり身につけた上で，これらの標準的な論点が網羅的に収録されている過去問や各受験予備校の総合問題をできるだけ事前に多くストックし，この総合問題を直前期においても繰り返し解答することで，時間配分や集計力を含めた総合問題への対応力をつけるとともに効率よく知識を確認することができるでしょう。

（関口高弘）

税理士試験＜財務諸表論＞

問 題 編

（制限時間：２時間　100点満点）

解答上の注意事項

◆解答は，巻末の解答用紙を切り取って記入してください。

◆この問題は，2024年４月１日現在の施行法令等に従って作成しています。

出題者	回	
	第１回	かえるの簿記論・財務諸表論
	第２回	東京CPA会計学院
	第３回	瑞穂会
	第４回	学者×実務家のコラボ模試

出題者● かえるの簿記論・財務諸表論

解答・解説⇨58ページ

〔第 一 問〕 －25点－

問１

商品，製品，半製品，原材料，仕掛品等のたな卸資産については，原則として購入代価又は製造原価に引取費用等の付随費用を加算し，これに個別法，先入先出法，後入先出法，平均原価法等の方法を適用して算定した取得原価をもって貸借対照表価額とする。ただし，時価が取得原価より著しく下落したときは，回復する見込があると認められる場合を除き，時価をもって貸借対照表価額としなければならない。

棚卸資産の貸借対照表価額は，時価が取得原価よりも下落した場合には時価による方法を適用して算定することができる。

⑴　上記は企業会計原則における「たな卸資産の評価」であるが，たな卸資産の評価は，一般に「数量計算」と「金額計算」に分けて論じられる。

それをふまえ，最も正しく期間損益計算ができる「数量計算」方法と「金額計算」方法の組み合わせを答えなさい。

⑵　上記下線部は一般的に何と呼ばれる方法か。

問２　以下は「棚卸資産の評価に関する会計基準」の抜粋である。

通常の販売目的で保有する棚卸資産の評価基準

7．通常の販売目的（販売するための製造目的を含む。）で保有する棚卸資産は，［①］をもって貸借対照表価額とし，期末における［②］が［①］よりも下落している場合には，当該［②］をもって貸借対照表価額とする。この場合において，［①］と当該［②］との差額は［③］として処理する。

⑴　空欄に当てはまる語句を答えなさい。

⑵　上記②で評価される理由を答えなさい。

問３　下記の〈設例〉をふまえて，下記の問に答えなさい。

〈設例〉

売価100円，見積追加製造原価及び見積販売直接経費120円，仕掛品の帳簿価額30円

⑴　上記〈設例〉における実務上の簿価切下額は30円となるが，理論上の簿価切下額は50円である。この差額は，どのように処理すべきと考えるか。

⑵　簿価切下げを行う理由を答えなさい。

〔第 二 問〕 −25点−

「税効果会計に係る会計基準」及び「税効果会計に係る会計基準の適用指針」に従って，下記の各問に答えなさい。

問１ 以下は「税効果会計に係る会計基準の適用指針」の一部である。空欄に当てはまる用語を，下記の〈**語句**〉から選び，記号で答えなさい。

税効果会計の方法

88. 税効果会計基準では，税効果会計の方法として［①］によることとされ，会計上の資産又は負債の額と課税所得計算上の資産又は負債の額に差異が生じている場合において，［②］等の額を適切に期間配分することが定められている。

89. 税効果会計の方法には，［①］のほかに［③］がある。

(1) ［①］

［①］とは，会計上の資産又は負債の額と課税所得計算上の資産又は負債の額との間に差異が生じており，当該差異が解消する時にその期の課税所得を減額又は増額する効果を有する場合に，当該差異（［④］）が生じた年度にそれに係る繰延税金資産又は繰延税金負債を計上する方法である。

したがって，［①］により計上する繰延税金資産又は繰延税金負債の計算に用いる税率は，［④］の解消見込年度に適用される税率である。

(2) ［③］

［③］とは，会計上の収益又は費用の額と税務上の益金又は損金の額との間に差異が生じており，当該差異のうち損益の期間帰属の相違に基づくもの（［⑤］）について，当該差異が生じた年度に当該差異による税金の納付額又は軽減額を当該差異が解消する年度まで，繰延税金資産又は繰延税金負債として計上する方法である。

したがって，［③］により計上する繰延税金資産又は繰延税金負債の計算に用いる税率は，［⑤］が生じた年度の課税所得計算に適用された税率である。

90. ［①］における［④］と繰延法における［⑤］の範囲はほぼ一致するが，有価証券等の資産又は負債の評価替えにより直接純資産の部に計上された評価差額は，［④］ではあるが［⑤］ではない。なお，［⑤］に該当する項目は，すべて［④］に含まれる。

〈**語句**〉

ア　税金費用	カ　一時差異	サ　期間差異
イ　課税所得	キ　資産負債法	シ　継続記録法
ウ　発生時差異	ク　法人税	ス　永久差異
エ　繰延法	ケ　誘導法	セ　租税特別措置法
オ　租税公課	コ　解消時差異	ソ　重要性

問 2　永久差異とは何か説明しなさい。

問 3　下記の項目から永久差異とされるものを 3 つ選び，番号で答えなさい。

①　減価償却超過額　　②　売上計上もれ　　③　商品評価損否認
④　仕入過大計上　　⑤　損金計上納税充当金　　⑥　交際費の損金不算入
⑦　役員給与の損金不算入　　⑧　減価償却超過額認容　　⑨　受取配当等の益金不算入
⑩　貸倒引当金繰入限度超過額　　⑪　寄附金の損金算入限度超過額
⑫　役員退職慰労引当金繰入限度超過額

問 4　下記の会話をふまえて，最後の顧問税理士の発言を想定して解答用紙に記入しなさい（話し言葉で書く必要はない。）。

社　　　長：うちの営業社員であるA君は，毎日一生懸命，営業車に乗って営業先をこまめに回ってくれているんだよ。
顧問税理士：熱血社員ですね！
社　　　長：そうなんだよ！　彼のおかげで当社の売上がどれだけ増えたことか！
顧問税理士：それは次のボーナスを弾まないといけないですね（笑）
社　　　長：そうしたかったんだけど，この前，私の指示で営業車に乗って取引先の訪問に向かう途中，A君がスピード違反で切符切られたみたいで･･･
顧問税理士：業務命令に従った勤務時間中の交通違反なので，反則金は会社負担となりますね。
社　　　長：それはもちろん承知しているよ。彼はがんばってくれているからね。会社で払うさ。でも，経理に聞いたら，この交通反則金というのは，税効果会計では永久差異に該当するそうじゃないか。
顧問税理士：はい，その通りです。
社　　　長：それはなんでなのかな？　先生教えて！
顧問税理士：それはですね，［　　　　　　　　　　］

問 5　「貸借対照表の純資産の部の表示に関する会計基準等の適用指針」において，『新株予約権は，失効時に課税所得を増額する効果をもつ課税所得計算上の負債に該当するため，税効果会計の対象になるという考え方もある』と記載されているが，結果として，新株予約権は税効果会計の対象とならなかった。その理由を説明しなさい。

〔第 三 問〕 －50点－

設問 1

【資料１】 及び **【資料２】** に基づき，次の各問について，答案用紙の所定の箇所に解答を記入しなさい。

(1) 甲株式会社（以下「当社」という。）の第49期（自：令和５年４月１日　至：令和６年３月31日）における貸借対照表及び損益計算書を，会社法及び会社計算規則に準拠して作成しなさい。

(2) 製造原価報告書を作成しなさい。

解答上の留意事項

イ **【資料１】** の決算整理前残高試算表は，**【資料２】** に記載されている事項を除き，決算整理は適切に終了している。

ロ 消費税及び地方消費税（以下「消費税等」という。）の会計処理は，税抜方式による。また，消費税等の取扱いは **【資料２】** の指示に従うこと。

ハ 税効果会計は，特に指示のない項目については適用しない。その適用にあたっての法定実効税率は前期38%，当期35%とする。将来減算一時差異に係る繰延税金資産の回収可能性については問題ないものとする。

ニ 会計処理及び表示方法については，特に指示のない限り原則的な方法によること。ただし，金額の重要性は考慮しない。

ホ 解答金額については，**【資料１】** の決算整理前残高試算表における金額欄の数値のように３桁ごとにカンマで区切ること。また，解答金額がマイナスとなる場合には金額の前に「△」印を付すこと。この方法によっていない場合には正解としない。

ヘ 計算の過程で生じた千円未満の端数は，切り捨てること。

ト 期間配分は，すべて月割計算とする。

チ 「収益認識に関する会計基準」は考慮しなくてよい。

リ 「会計方針の開示，会計上の変更及び誤謬の訂正に関する会計基準」は考慮しなくてよい。

設問 2

【資料３】 に基づき，丙株式会社の第22期（自：令和５年４月１日　至：令和６年３月31日）の会社計算規則に準拠した個別注記表に記載される１株当たり情報に関する注記の各金額を算定しなさい。なお，円未満の端数が生じた場合には円未満３位以下を切り捨てること。

【資料１】 決算整理前残高試算表

決算整理前残高試算表

（単位：千円）

勘定科目	金額	勘定科目	金額
現金及び預金	156,500	支払手形	39,645
受取手形	110,000	買掛金	187,562
売掛金	240,000	借入金	38,760
製品	89,600	未払金	72,057
仕掛品	102,000	仮受消費税等	68,242
材料	18,700	仮受金	15,480
貸付金	22,000	貸倒引当金	850
仮払消費税等	52,042	退職給付引当金	207,980
仮払金	51,850	建物減価償却累計額	45,120
建物	174,600	機械装置減価償却累計額	9,000
機械装置	74,680	車両運搬具減価償却累計額	1,246
車両運搬具	8,470	器具備品減価償却累計額	2,460
器具備品	12,000	資本金	110,000
土地	140,000	資本準備金	15,000
建設仮勘定	94,800	その他資本剰余金	5,860
投資有価証券	27,940	利益準備金	12,000
のれん	496,000	別途積立金	35,700
特許権	13,700	繰越利益剰余金	910,331
繰延税金資産	85,690	新株予約権	1,175
その他有価証券評価差額金	1,178	売上高	915,000
材料仕入	120,380	受取利息	146
労務費	175,382	受取配当金	1,208
製造経費	184,578	雑収入	3,000
販売費及び一般管理費	227,850		
支払利息	760		
貸倒損失	1,350		
株式交付費	2,880		
雑損失	214		
法人税等	12,678		
合計	2,697,822	合計	2,697,822

【資料２】 決算整理の未済事項及び参考事項

1　金銭債権に関する事項

(1)　残高試算表の受取手形のうち800千円は，令和５年５月にD社株式の一部を売却したことにより受け取ったものである。当該手形は令和５年５月末から毎月末を決済日とする手形（一枚当たり額面200千円，全15枚）であり，毎月末の決済額については適正に処理されている。

(2)　前期において，A社は業績不振により財務内容が悪化し，債務の弁済に重大な問題が生じる可能性が高いと判断されたため，A社に対する債権を貸倒懸念債権に区分していたが，A社は，令和５年６月に大口のスポンサーを確保したことで，債務弁済に対する懸念は消滅した。

当期末現在のA社に対する債権は受取手形1,000千円及び売掛金900千円であり，前期末においてA社に対する債権に対し，貸倒引当金850千円を設定している。

(3)　当期において，B銀行で5,000千円の手形を4,900千円で割り引いたが，決算日現在未処理である。なお，この手形の割引における保証債務の時価相当額は110千円と評価されており，当社は以前から保証債務は手形売却損に含めて処理することとしている。

(4)　残高試算表上の貸付金のうち2,000千円は当社の取締役前澤氏に対し，当期に貸し付けたものである。

(5)　上記(4)以外の貸付金は，前期首にE社に対して貸し付けたもので，当初の条件は元本を３年後に一括返済，利率は年５％で毎年３月31日に１年分の利息を後払いするというものであった。

E社の財務内容はここ数年悪化しており，当社に対して返済期限の延長及び金利の減免を申し入れてきたため，当社は，当該債権を貸倒懸念債権に分類した上で，返済期限の２年延長及び翌期以降の金利を３％減免（５％から２％へ変更）することで了承した。なお，当期末までの返済及び利息の処理は，適正に行われている。

2　貸倒引当金に関する事項

営業債権を一般債権，貸倒懸念債権及び破産更生債権等に区分して以下のように貸倒引当金を算定する。なお，繰入れは差額補充法によるものとする。

(1)　一般債権については，過去の貸倒実績率に基づき受取手形（上記１(1)を除く），売掛金及び貸付金の期末残高の２％を引当計上する。

(2)　貸倒懸念債権については，債権金額から営業保証金又は担保の処分見込額等を控除した残額の50％を引当計上していたが，当期の決算より，キャッシュ・フロー見積法により貸倒引当金の計上を行うこととした。なお，計算上生じた千円未満の端数は各期の将来キャッシュ・フローの現在価値の総和を求めた時点で切り捨てるものとする。

（現価係数表）

	1年	2年	3年
年利２％	0.9804	0.9612	0.9423
年利５％	0.9524	0.9070	0.8638

(3)　貸倒引当金の貸借対照表の表示は，流動資産及び固定資産の末尾にこれらの資産に対する控除項目として一括して表示（一括間接控除法）することとする。

(4)　残高試算表の貸倒引当金はA社に対するものである。

3　投資有価証券に関する事項

残高試算表の投資有価証券の内訳は，以下のとおりである。

（単位：千円）

銘柄等	前期末		当期末		備考
	帳簿価額	時価	帳簿価額	時価	
D　社　株　式	6,250	6,500	各自推定	3,600	下記(3)参照
F　社　株　式	1,500	1,600	2,500	2,550	下記(4)参照
G　社　株　式	5,010	2,760	5,010	2,450	下記(5)参照
H　社　株　式	–	–	1,360	1,320	下記(6)参照
I　社　社　債	–	–	4,700	4,820	下記(7)参照
自　社　株　式	10,020	10,500	各自推定	7,070	下記(8)参照

(1)「その他有価証券」の評価は，時価のあるものは時価法（評価差額は全部純資産直入法により処理し，税効果会計を適用し，売却原価は移動平均法により算出する。），時価のないものは移動平均法による原価法によっている。また，時価が取得原価の50％以上下落した場合には減損処理を行う。なお，減損処理は税務上も損金として認められるものとする。

(2)　残高試算表のその他有価証券評価差額金は，「その他有価証券」の前期末残高に係るものである。

(3)　前期以前から5,000株を長期投資目的で所有していたが，令和５年５月において2,200株を売却し手形を受け取っている（上記１(1)参照）。当社は売却代金につき，雑収入に計上しているのみである。

(4)　当社は前期までF社株式を長期保有目的で所有していたが，当期にF社株式を1,000千円で追加取得した結果，議決権の所有割合が20％となった。

(5)　当社はG社株式を長期保有目的で所有している。

(6)　当社はH社株式を短期売買目的で所有している。期中にH社からの配当（その他利益剰余金からの配当150千円，その他資本剰余金からの配当60千円）を受け取っており，全額受取配当金として処理している。

(7)　I社社債は長期投資目的で，令和５年４月１日に発行されたものを令和５年10月１日に4,700千円で取得しており債券金額（額面）は5,000千円，満期日は令和８年３月31日，クーポン利子率は年２％，利払日は３月末である。取得価額と債券（額面）金額との差額は，すべて金利の調整部分であり，償却原価の計算については定額法によっている。また，I社社債の取得にあたり支払った経過利息50千円は仮払金に，令和６年３月31日に期限が到来したクーポン利息は仮受金として処理している。

(8)　前期以前から取得していたもので，令和５年５月１日に３分の１を3,380千円で処分したが，処分代金を仮受金として処理しているのみである。

4　棚卸資産に関する事項

棚卸資産の期末棚卸の結果は，以下のとおりである。製品，仕掛品及び材料はすべて総平均法による原価法（収益性の低下による簿価切下げの方法）により評価している。また，残高試算表の製品，仕掛品，材料は前期末残高である。棚卸資産について収益性の低下は生じていない。

	期首		期末（実地棚卸高）		備考
	数量	原価	数量	原価	
製　　品	8,000 kg	89,600 千円	7,000kg	77,700 千円	下記(1)参照
仕 掛 品	12,000 kg	102,000 千円	11,000kg	94,380 千円	下記(2)参照
材　　料	8,500 kg	18,700 千円	8,000kg	各自推定	下記(3)参照

(1)　当期末において，実地棚卸を行ったところ，帳簿棚卸高との差額が400千円生じていた。この差異のうち300千円は，見本展示用に払い出した製品の費用処理が未処理であったことによるものであり，残額は減耗損である。見本品費は一般管理費として処理することとし，減耗損は売上原価処理する。

(2)　期末残高の中に，研究開発費として処理すべき材料費，労務費及び経費が20,550千円含まれている。研究開発費は一般管理費として処理する。

(3)　当期の材料の購入高は57,800kgである。当期末において，実地棚卸を行ったところ，帳簿上の数量8,150kgと実地の数量に差異が生じていた。この差異は原価性のある棚卸減耗のため製造原価に計上する。なお，残高試算表上の材料仕入からは仕入割引150千円が控除されている。

5　有形固定資産に関する事項

有形固定資産に関する減価償却費の計上は次に関する事項を除き，適正に処理されている。

また，有形固定資産の貸借対照表の表示は，減価償却累計額を控除した残額のみを記載する方法とする。

(1)　残高試算表上の建設仮勘定の内訳は以下のとおりである。

工場用建物の建設に係る支払額	建設費用 64,800千円 令和6年3月から事業供用している。また，残存価額ゼロの定額法（償却率0.050）で減価償却を行うこととしている。
研究開発部門の機械装置に係る購入額	〈1台目〉　3,000千円 令和6年2月から事業供用している。本社の研究開発部門だけで使用するわけではない。 〈2台目〉　27,000千円 令和6年2月から事業供用している。本社の研究開発部門で専ら使用する予定である。 ※　当社は機械装置につき，定率法（償却率0.286）で減価償却を行うこととしている。

(2)　当期首において資材置き場として使用していた当社所有の土地Ｔ１（帳簿価額10,000千円，交換時の時価12,000千円）とＯ社所有の土地Ｔ２（交換時の時価12,000千円）を交換に供しているが，未処理である。なお，当社は土地Ｔ２を土地Ｔ１と同様に資材置き場として使用している。

⑶　令和５年10月１日に営業用車両につきファイナンス・リース契約を締結し，同日より事業の用に供している。なお，当該リース取引の契約内容等は以下のとおりである。

①　解約不能リース期間：５年

②　リース物件（営業用車両）の経済的耐用年数：６年

③　リース料及び支払方法：リース料は月額1,100千円（リース料総額66,000千円）である。リース料の支払いは，令和５年10月31日を第１回とする毎月末払いであり，支払済リース料は仮払金で処理している。

④　車両の所有権移転条項及び割安購入選択権はともになく，リース物件は特別仕様ではない。

⑤　リース料総額の割引現在価値は62,220千円である。

⑥　当社における当該営業用車両の見積現金購入価額は63,500千円である。

⑦　リース資産及びリース債務の計上額を算定するにあたっては，原則法（リース料からこれに含まれている利息相当額の合理的な見積額を控除する方法）によることとし，当該利息相当額についてはリース期間中の各期にわたり定額で配分する方法により配分することとする。

⑧　減価償却はリース期間を耐用年数とし，残存価額はゼロとする定額法によって行う。

6　仮払金に関する事項

残高試算表の仮払金の内訳は，以下のとおりである。

⑴　経過利息の支払額　　50千円（上記３⑺参照）

⑵　リース料支払額　　6,600千円（上記５⑶参照）

⑶　P社が保有する特許権の令和５年11月１日から３年間の使用料　　25,200千円

当該特許権は当社製品における製造工程に係るものであり，当期負担分を製造原価（製造経費）として処理をする。

⑷　配当金の支払額　　20,000千円（下記11⑷参照）

7　無形固定資産に関する事項

⑴　残高試算表ののれんは，平成31年の期首に計上した有償取得ののれんである。のれんは20年間の定額法により償却することとしている。

⑵　残高試算表の特許権の内訳は，以下のとおりである。なお，資産計上した特許権は８年間の定額法により償却することとしている。

①　令和２年２月３日に取得した特許権　　7,250千円

当該特許権は当社製品における製造工程に係るものであり，当期負担分を製造原価（製造経費）として処理をする。

②　令和５年11月15日に取得した研究開発に関する特許権　　6,450千円

当該特許権は当社が現在研究開発中の製品に関するものであり，他の用途には転用できないものである。

8　繰延資産に関する事項

残高試算表の株式交付費は，令和４年10月１日に交付した新株に係る手数料である。株式交付費は交付のときから２年間で定額法により月割償却を行っている。

9　退職給付引当金に関する事項

当社は，退職一時金制度及び確定給付型の企業年金制度を採用しており従業員の退職給付に備えるため，退職給付債務に未認識数理計算上の差異を加減した額から年金資産の額を控除した金額を退職給付引当金として計上している。残高試算表の退職給付引当金は前期末残高である。なお，退職給付費用の営業部門及び製造部門への配賦割合は３：７である。

(1) 期首の退職給付債務の実績額は249,000千円，当期の勤務費用は14,410千円及び利息費用は1,980千円である。

(2) 期首年金資産の公正な評価額は39,020千円，長期期待運用収益率は４％である。

(3) 当期における退職給付に係る会計処理は退職一時金の支払額3,200千円及び年金掛金の支払額1,150千円を販売費及び一般管理費として処理しているのみである。

(4) 数理計算上の差異は，発生年度の翌年より平均残存勤務期間８年で定率法（償却率0.250）により償却する。なお，当期首における未認識数理計算上の差異は全額前期末に発生したものである。

10　ストック・オプションに関する事項

令和３年８月１日に以下の条件で，本社の従業員50名に対してストック・オプションを付与した。なお，残高試算表上の新株予約権は，すべて以下のストック・オプションに係るものである。

(1) ストック・オプションの数及び株式数：１名当たり15個，１個当たり20株
なお，前期末におけるストック・オプションの計算において３名の失効を見込んでいた。

(2) ストック・オプションの公正な評価単価：１個当たり２千円

(3) ストック・オプションの行使時の払込金額：１個当たり40千円

(4) ストック・オプションの対象勤務期間：令和３年８月１日から令和５年７月31日

(5) ストック・オプションの権利行使期間：令和５年８月１日から令和７年７月31日

(6) 権利確定日において２名の失効があったが，当期分の株式報酬費用の計上が未処理である。また，令和６年２月に新株予約権300個につき権利行使がなされたが，払込金額を仮受金として処理しているのみである。なお，資本金計上額は会社法に規定する最高限度額とする。

11　剰余金の配当に関する事項

令和５年６月25日の株主総会で次の内容の剰余金の配当が承認されている。

(1) 配当財産の種類：金銭

(2) 配当財源及び総額：その他資本剰余金5,000千円，繰越利益剰余金15,000千円

(3) 配当の効力が生ずる日：令和５年６月26日

(4) 配当金は全額支払い済みであるが，当社は支払額を仮払金として処理しているのみである。

12　諸税金に関する事項

(1) 当期の確定年税額（中間納付額及び源泉徴収税額控除前）は，法人税及び住民税が25,187千円，事業税が5,538千円（うち外形基準に係るものが1,000千円）である。

(2) 残高試算表において，法人税及び住民税の中間納付額12,678千円が法人税等に，事業税の中間納付額1,900千円及び源泉徴収された所得税280千円が販売費及び一般管理費（租税公課）に計上されている。

(3) 消費税等については，確定納付税額16,114千円を未払消費税等に計上し，仮払消費税等と仮受消費税等との相殺後残高との差額があれば，販売費及び一般管理費（租税公課）又は雑収入で処理するものとする。

13 税効果会計に関する事項

上記「3 投資有価証券に関する事項」で決算整理したその他有価証券の評価差額を除く当期末の一時差異残高は，以下のとおりである。

将来減算一時差異 227,500千円

永久差異 11,000千円

【資料3】

1 丙株式会社の第22期における貸借対照表の一部

貸借対照表（純資産の部） （単位：千円）

Ⅰ 株主資本	(360,220)
1 資本金	165,000
2 資本剰余金	(50,000)
(1) 資本準備金	25,000
(2) その他資本剰余金	25,000
3 利益剰余金	(149,000)
(1) 利益準備金	15,000
(2) その他利益剰余金	(134,000)
別途積立金	13,000
繰越利益剰余金	121,000
(うち当期純利益)	(40,000)
4 自己株式	△ 3,780

2 その他の事項

(1) 期首発行済株式数は85,000株（すべて普通株式である。）である。なお，令和5年10月1日に5,000株の新株発行（有償増資）を行っている。

(2) 貸借対照表に計上されている自己株式はすべて令和5年5月1日に有償取得した2,100株に係るものである。

本試験予想問題　第２回

出題者● 東京ＣＰＡ会計学院

解答・解説⇨80ページ

〔第 一 問〕 －25点－

下記の**問１**から**問３**に答えなさい。

問１　以下の(1)から(4)の問に答えなさい。

(1)　棚卸資産の売上原価の払出原価と期末棚卸資産の価額を決定する方法として，「棚卸資産の評価に関する会計基準」では，「企業会計原則」では認められていた『後入先出法』を廃止している。そこで，①当該方法の長所を損益計算の観点から答えなさい，また，②当該方法の問題点を資産の測定の観点から答えなさい。

(2)「棚卸資産の評価に関する会計基準」には，以下の規定が存在する。以下の規定の空欄［ A ］と［ B ］に入る適切な語句を漢字で答えなさい。

> トレーディング目的で保有する棚卸資産については，時価をもって貸借対照表価額とし，帳簿価額との差額は，当期の損益として処理する。
> トレーディング目的で保有する棚卸資産に係る損益は，原則として，［ A ］で［ B ］に表示する。

(3)　トレーディング目的で保有する棚卸資産とは，どのような棚卸資産か簡潔に説明しなさい。

(4)　前期に取得したトレーディング目的で保有する棚卸資産（取得原価100，前期末時価120）を当期中に通常の販売目的の棚卸資産に保有目的を変更した場合（変更時時価135），どのような処理が求められるか，理由とともに説明しなさい。

問２　以下の文章は，「金融商品に関する会計基準」（以下「基準」という。）を一部抜粋したものである。これに関連して，以下の(1)及び(2)の問に答えなさい。

> 金融資産の契約上の権利を［ C ］したとき，権利を［ D ］したとき又は権利に対する<u>支配が他に［ E ］</u>したときは，当該金融資産の消滅を認識しなければならない。

(1)　空欄［ C ］から［ E ］に入る適切な語句を漢字で答えなさい。

(2)　下線に関連して，以下の問に答えなさい。

(a)　金融資産の譲渡後に譲渡人と譲受人の間に一定の関係がある場合において，「基準」が採用している金融資産の消滅を認識する方法の名称を答えなさい。

(b)　当該方法を採用する長所を「基準」が採用していない方法と比較する観点から答えなさい。

問3 以下の文章は，「収益認識に関する会計基準」40項の一部を引用したものである。これに関連して，以下の(1)から(3)の問に答えなさい。

> …省略…
> また，支配の（　　　）を検討する際には，例えば，次の(1)から(5)の指標を考慮する。
> (1) 企業が顧客に提供した資産に関する対価を収受する［E］の権利を有していること
> (2) 顧客が資産に対する法的所有権を有していること
> (3) 企業が資産の物質的占有を移転したこと
> (4) 顧客が資産の所有に伴う重大な［F］を負い，［G］を享受していること
> (5) 顧客が資産を［H］したこと

(1) 空欄［E］，［G］及び［H］に入る最も適切な語句の組合せを下記から選び，記号で答えなさい。

	E	G	H
ア	現在	便益	検収
イ	現在	便益	受領
ウ	現在	経済価値	検収
エ	将来	経済価値	受領
オ	将来	経済的利益	検収

(2) 空欄［F］に入る適切な語句を答えなさい。

(3) 「収益認識に関する会計基準」では，下線のように売手側である企業が収益を認識する際に，買手側の顧客の観点を導入している。これまで，「企業会計原則」が採用していた実現主義の原則においては，このような顧客の観点はなかったものと考えられる。そこで，収益を認識する際に，下線のように顧客の観点を導入している理由を説明しなさい。

〔第 二 問〕 －25点－

下記の**問1**及び**問2**に答えなさい。

問1 以下の文章のように，「討議資料 財務会計の概念フレームワーク」には，『ある質的特性』が一般的制約となる特性に位置づけられた理由が示されている。これに関連して，以下の(1)から(3)の問に答えなさい。

> [A]と[B]は，会計情報が利用者の意思決定にとって有用であるか否かを直接判定する規準として機能する。それに対して，[C]と[D]の２つの特性は，会計情報が有用であるために必要とされる最低限の基礎的な条件である。これらの特性によって意思決定有用性が直接的に判断されるわけではないが，しばしば，これらは，[A]や[B]が満たされているか否かを間接的に推定する際に利用される。それゆえに，それらを[A]と[B]の階層関係の中ではなく，階層全体を支える一般的制約となる特性として位置づけた。

(1) 空欄[A]と[B]に入る最も適切な質的特性の組合せを下記から選び，記号で答えなさい。

	[A]	[B]
ア	目的適合性	重要性
イ	目的適合性	理解可能性
ウ	表現の忠実性	検証可能性
エ	意思決定有用性	コスト・ベネフィット
オ	意思決定との関連性	信頼性

(2) 空欄[C]は，ある個別の会計基準が会計基準全体を支える基本的な考え方と矛盾しないときに，ある個別の会計基準がもっている質的特性のことである。そこで，空欄[C]に入る質的特性を漢字で答えなさい。

(3) 空欄[D]に関連して，下記の問に答えなさい。

(a) 空欄[D]は，同一企業の会計情報を時系列で比較する場合，あるいは，同一時点の会計情報を企業間で比較する場合，それらの比較に障害とならないように会計情報が作成されていることを要請するものである。そこで，以下の会計処理又は表示方法のうち，空欄[D]の考えが反映されていないものを選び，記号で答えなさい。

ア 連結財務諸表を作成するにあたって，子会社の資産及び負債の時価評価の方法について部分時価評価方法を廃止し，全面時価評価法のみとすること。

イ ファイナンス・リース取引につき通常の売買取引に準じた会計処理を行うこと。

ウ 研究開発費は発生時に費用処理すること。

エ 研究開発費の総額を注記すること。

オ 普通株主に係る１株当たり当期純利益及び潜在株式調整後１株当たり当期純利益を注記すること。

(b) 空欄[D]を達成するためには，どのようなことが求められるか答えなさい。

問2　以下の文章は，「ストック・オプション等に関する会計基準」を一部抜粋したものである。これに関連して，以下の(1)から(5)の問に答えなさい。

> ストック・オプションを付与し，これに応じて企業が従業員等から取得する［E］は，その取得に応じて費用として計上Ⓐし，対応する金額を，ストック・オプションの権利の行使又は失効が確定するまでの間，貸借対照表の純資産の部に［F］として計上する。
> 各会計期間における費用計上額は，ストック・オプションの公正な評価額のうち，対象勤務期間を基礎とする方法その他の合理的な方法に基づき当期に発生したと認められた額である。ストック・オプションの公正な評価額は，公正な評価単価にストック・オプション数を乗じて算定する。Ⓑ

(1)　空欄［E］及び［F］に入る適切な語句を答えなさい。

(2)　下線Ⓐの会計処理の根拠を説明しなさい。

(3)　下線Ⓑの算定にあたって，以下の文章のうち最も適切なものを選び，記号で答えなさい。

ア　ストック・オプションの公正な評価単価は，市場における取引価格であり日々，変動するため決算日ごとに評価単価を見直す。

イ　未公開企業においては，ストック・オプションの公正な評価単価に代えてストック・オプションの単位当たりの本源的価値の見積りに基づいて会計処理を行うことができる。この単位当たりの本源的価値とは，算定時点においてストック・オプションが権利行使されると仮定した場合の価値であり，当該時点におけるストック・オプションの原資産である自社の株式の評価額と行使価格との差額である。

ウ　ストック・オプション数は，付与したストック・オプション数から権利未行使による失効の見積数を控除して算定する。

エ　ストック・オプション数は，付与日から権利確定日の直前までの間に権利不確定による失効数に変動が生じた場合には，これに応じてストック・オプション数を見直す。

オ　ストック・オプション数を見直した場合には，見直し後のストック・オプション数に基づき，その期までに費用として計上すべき額と，これまでに計上した額との差額を次期以降の損益として処理する。

(4)　新株の有利発行の取引とストック・オプション取引の異同点を簡潔に説明しなさい。

(5)　権利が確定したストック・オプションが失効した場合の取扱いを，「投資のリスクからの解放」という考え方から説明しなさい。

〔第 三 問〕 －50点－

東京商事株式会社（以下「当社」という。）は東北圏，北陸圏及び関東圏を中心に精密機器の販売を行っており，当社の議決権の90％を所有している株式会社九州製作所から商品を仕入れ，これについて各営業所を処点として得意先に販売している。当社が販売する商品はすべて株式会社九州製作所から仕入れている。また，関西圏における営業活動については，当社がその議決権のすべてを所有しているN社が行っている。N社は，当社と同様に販売する商品のすべてを株式会社九州製作所から仕入れており，当社との営業取引は行われていない。

上記の資本関係及び取引関係を前提として，当社の**【資料１】**，**【資料２】**，**【資料３】**及び**【資料４】**に基づき，次の⑴から⑶について答案用紙の所定の箇所に解答を記入しなさい。

⑴　当社の第25期（自X５年４月１日　至X６年３月31日）における貸借対照表及び損益計算書を，会社法及び会社計算規則に準拠して作成しなさい。

⑵　会社計算規則に基づく附属明細書のうち「販売費及び一般管理費の明細」を作成しなさい。

⑶　会社計算規則に準拠した個別注記表（一部抜粋）を完成させなさい。

解答上の留意事項

イ　消費税及び地方消費税（以下「消費税等」という。）の会計処理は，指示のない限り税抜方式で処理されているものとし，また，特に指示のない限り消費税等について考慮する必要はないものとする。

ロ　税効果会計は，特に記述のない項目については適用しない。また，その適用に当たっては，法定実効税率は30％（ここ数年，税率変更はない。）とする。税務上の処理との差額は一時差異に該当し，繰延税金資産の回収可能性については問題ないものとする。

ハ　会計処理及び表示方法については，特に指示のない限り原則的な方法によるものとし，金額の重要性は考慮しないものとする。

ニ　計算の過程で生じた千円未満の端数は，百円の位で四捨五入するものとする。

ホ　日数の計算は，すべて月割計算で行うものとする。

ヘ　解答金額については，**【資料１】**の決算整理前残高試算表における金額欄の数値のように３桁ごとにカンマで区切り，解答金額がマイナスとなる場合には金額の前に「△」を付すこと。この方法によっていない場合には，正解としないので注意すること。

【資料1】 X6年3月31日現在の東京商事株式会社の決算整理前残高試算表

（単位：千円）

勘定科目	金額	勘定科目	金額
現金	6,538	支払手形	52,840
預金	115,651	買掛金	109,380
受取手形	32,000	返金負債	2,816
売掛金	167,930	未払金	3,950
繰越商品	104,800	借入金	170,000
未収金	5,000	仮受消費税等	183,960
貸付金	7,000	仮受金	61,770
仮払金	29,328	賞与引当金	13,780
仮払消費税等	146,619	商品評価切下額	960
建物	600,000	貸倒引当金	4,890
車両運搬具	80,000	建物減価償却累計額	264,000
器具備品	130,000	車両運搬具減価償却累計額	48,000
土地	296,000	器具備品減価償却累計額	58,500
建設仮勘定	82,840	営業保証金	1,900
ソフトウェア	30,090	退職給付引当金	47,980
のれん	24,240	役員退職慰労引当金	18,600
投資有価証券	263,900	繰延税金負債	690
繰延税金資産	26,544	資本金	400,000
仕入	1,271,980	資本準備金	100,000
販売費及び一般管理費	351,239	利益準備金	50,000
支払利息	3,526	別途積立金	340,000
手形売却損	1,167	繰越利益剰余金	41,686
法人税等	31,744	その他有価証券評価差額金	1,190
		売上	1,819,200
		受取利息配当金	8,921
		為替差損益	196
		雑収入	827
		投資有価証券売却益	2,100
合計	3,808,136	合計	3,808,136

【資料2】 販売費及び一般管理費の内訳（決算整理前）

（単位：千円）

勘定科目	金額	勘定科目	金額
貸倒損失	1,680	広告宣伝費	39,389
交際接待費	19,172	荷造運搬費	3,154
支払手数料	1,629	役員報酬	39,180
従業員給与及び賞与	101,396	通信費	11,936
旅費交通費	13,517	法定福利費	15,214
消耗品費	10,125	水道光熱費	6,719
福利厚生費	12,154	支払保険料	2,967
支払リース料	900	修繕費	13,760
公租公課	4,213	減価償却費	53,000
雑費	1,134	合計	351,239

東京CPA問題

【資料3】 決算整理の未済事項及び参考資料

1　現金預金に関する事項

(1)　期末日において本社の金庫には，次のものが保管されていた。

内容	金額	備考
紙幣及び硬貨	384千円	
他人振出の小切手	2,590千円	売掛金の回収として受け入れた小切手である。
配当金領収書	2,000千円	その他利益剰余金からの配当金2,000千円（うち源泉徴収税額306千円）の配当金領収書をK社から受け取っていたが未処理である。

(2)　各営業所からの現金有高報告書における期末日残高の合計は3,564千円である。

⑶　決算整理前残高試算表の預金の内訳は，次のとおりである。

種　類	帳簿残高	備　　考
当座預金	1,367千円	帳簿残高と銀行残高証明書の金額との間に差異が生じていたため，その原因を調査したところ，買掛金1,840千円の支払時に誤って仕訳の貸借を反対に行っていたことが判明した。なお，当社は銀行との間に当座借越契約を締結している。
普通預金	42,284千円	銀行残高証明書の金額は42,278千円であった。差額は，売掛金から振込手数料６千円が差し引かれた額が振り込まれたが，当社では，振込手数料控除前で処理している。
定期預金	72,000千円	全額がX５年12月１日に預け入れた外貨建定期預金である。預入金額は500千ドル，利率年1.2%，利払日年１回（11月末），預入期間２年である。X６年３月末における為替相場は146円／ドルである。なお，経過利息の会計処理が未了である。

2　受取手形に関する事項

決算整理前残高試算表の受取手形のうち6,000千円は，X６年２月に取引先に対して短期的な運転資金の貸付けを行った際に受け入れたもので，手形期日はX６年７月31日であり，当期の受取利息は適正に処理されている。なお，残額は営業取引に係るものである。

3　売上及び売掛金に関する事項

⑴　当社では，従来，営業所倉庫から商品を出荷した日をもって売上を計上する出荷基準を採用していたが，当期より得意先における検収日（履行義務が充足された時点）をもって売上を計上する検収基準に変更している。この変更は，「収益認識に関する会計基準」を適用したことによるものである。

⑵　次の帳票は，売上管理システムによって作成された売上管理明細表の一部である。得意先から検収が完了した旨の連絡を受けると，「検収完了日」欄に実際の検収日が反映され，各営業所の担当者は，これを確認した上で売上の計上手続を行っている。なお，当社では，ここ数年，得意先において未検収の状態が１ヵ月以上にわたって続くような状況は生じていない。

〔弘前営業所〕売上管理明細表（第25期／３月）

得意先	売上金額	商品原価	出荷日	検収予定日	検収完了日
〜	〜	〜	〜	〜	〜
A社	1,280千円	930千円	X６年３月31日	X６年３月31日	X６年３月31日
B社	950千円	670千円	X６年３月27日	X６年４月１日	X６年３月31日
C社	2,400千円	1,690千円	X６年３月30日	X６年４月２日	
D社	3,100千円	2,180千円	X６年３月31日	X６年４月３日	

(3) 売上管理明細表によると，前期における全社の各金額の合計は，出荷基準を採用した場合，売上金額は1,524,000千円，それに対応する商品原価は1,089,660千円であった。これに対して検収基準を採用した場合，売上金額は1,505,600千円，それに対応する商品原価は1,076,760千円であった。なお，売上の計上基準に関する変更について遡及適用を行うが，遡及適用に伴う税効果会計の処理も含めて未処理である。

(4) 得意先に対する売掛金の期末残高確認の結果，当社の売掛金残高が5,630千円過大であり，差異の原因を調査したところ，次の事実が明らかとなった。なお，当社では，商品販売はすべて掛けで行っている。

① 当期より売上の計上基準を出荷基準から検収基準に変更したにもかかわらず，弘前営業所の担当者が，当期（第25期）の３月末に誤って出荷日で売上を計上していた（上記(2)参照）。なお，商品原価については，「７　仕入及び棚卸資産に関する事項」(6)を参照のこと。

② 差異の残額は，売掛金の期日前決済による売上割引について，売掛金との相殺処理を行っていなかったものによる。なお，当該割引は，重要な金融要素に該当しない。

4　貸付金に関する事項

決算整理前残高試算表の貸付金には，当社の取締役に対してＸ５年８月１日に通常の取引条件で貸し付けたもの4,000千円が含まれており，Ｘ７年７月31日に一括回収の予定である。残額は，従業員に対するもので，すべて一時的な貸し付けであり，１年以内に回収の予定である。なお，当期の受取利息は適正に処理されている。

5　貸倒引当金に関する事項

(1) 貸倒引当金の計上は，次のとおりである。

① 金銭債権（受取手形，売掛金及び貸付金に限る。）を一般債権，貸倒懸念債権及び破産更生債権等に区分し，かつ，繰入れは売上債権と営業外債権の取引に基づく債権それぞれに対して差額補充法によっている。また，破産更生債権等に関するものは特別損失に計上し，貸倒引当金の貸借対照表の表示は，各区分別に一括控除形式により表示する。

② 一般債権に対しては，過去の貸倒実績率に基づき受取手形，売掛金及び貸付金の期末残高に１％を貸倒引当金として計上する。

③ 貸倒懸念債権に対しては，債権総額から営業保証金を控除した後の残額に40％を貸倒引当金として計上する。

④ 破産更生債権等に対しては，債権総額から営業保証金を控除した後の残額を貸倒引当金として計上する。

(2) 当社では，売掛金の回収が原則的な回収条件よりも遅れた場合，回収が６ヵ月を経過しても，遅延状態が完全に解消されない得意先については，債務の弁済に重大な問題が生じていると判断し，その得意先に対する金銭債権を貸倒懸念債権に分類している。なお，当期末に貸倒懸念債権に分類される得意先はＥ社及びＦ社であり，債権額及び営業保証金は次のとおりである。

① Ｅ社

受取手形　500千円　　売掛金　1,600千円　　営業保証金　400千円

② Ｆ社

受取手形　800千円　　売掛金　2,400千円　　営業保証金　600千円

(3) 得意先G社に対する金銭債権（売掛金9,000千円，営業保証金900千円）については，前期に貸倒懸念債権に分類しており，貸倒引当金が3,240千円計上されている。G社では，X5年6月に民事再生法の適用を申請し，X6年2月に再生計画が決定された。この決定により，当社の債権金額（営業保証金相殺後）の90％が切り捨てられ，残りの10％については，X6年3月から3年間で毎年1回3月に均等返済されることになった。第1回目の返済額を仮受金に計上したのみで，営業保証金の相殺処理，再生計画決定に伴う会計処理は，いずれも未了である。また，再生計画は決定されたが，G社の再建は不透明であり，債権は破産更生債権等に分類し，今後の分割返済額は，決算日以後1年以内に返済期限が到来するものについても，その金額を投資その他の資産に計上するものとする。

(4) 決算整理前残高試算表の貸倒引当金は，前期末残高であり，受取手形及び売掛金に対して4,870千円（上記(3)の3,240千円を含む。），貸付金に対して20千円であった。なお，破産更生債権等に対するものはなかった。

(5) 貸倒損失には，前期売掛金の回収不能額1,540千円が含まれている。

(6) 税務上，貸倒引当金は全額が損金として認められないため，税効果会計を適用する。

6 投資有価証券に関する事項

投資有価証券の内訳は，次のとおりである。

（単位：千円）

銘　柄	前期末の簿価	前期末の時価	前期末の純資産額	当期末の簿価	当期末の時価	当期末の純資産額	備　考
H社株式	11,600	—	12,600	11,600	—	13,900	下記(4)①参照
I社株式	36,400	38,200	—	38,200	35,200	—	下記(4)②参照
J社株式	27,900	28,400	—	—	—	—	下記(4)③参照
K社株式	36,200	35,600	—	35,600	39,100	—	下記(4)④参照
L社株式	15,700	7,500	—	7,500	7,800	—	下記(4)⑤参照
M社株式	19,000	—	9,800	19,000	—	9,150	下記(4)⑥参照
N社株式	152,000	154,200	—	152,000	156,500	—	下記(4)⑦参照

(1) 投資有価証券は関係会社株式に該当するもの以外すべて「その他有価証券」に該当する株式である。評価については，市場価格のある株式は決算日の市場価格に基づく時価法を適用し，評価差額は全部純資産直入法を採用し，税効果会計も考慮する。また，市場価格のない株式については移動平均法による原価法によっている。

(2) 市場価格のある株式については期末時価が，市場価格のない株式については期末純資産額が，それぞれ取得原価より50％以上下落した場合には減損処理することとしている。また，この減損処理は，税務上も損金として認められるものとする。

(3) 決算整理前残高試算表のその他有価証券評価差額金は，前期末のその他有価証券の評価差額（税効果に関する処理も含む。）である。

(4) 上記の投資有価証券の備考の内容は，以下のとおりである。

① H社株式は非上場株式である。

② Ｉ社株式は上場株式である。

③ Ｊ社株式は上場株式である。Ｊ社株式は取引の円滑化を図る目的で保有していたが，当期に取引関係を解消したことにより同株式全株を売却し，売却価額と売却時の簿価との差額を投資有価証券売却益に計上している。

④ Ｋ社株式は上場株式である。

⑤ Ｌ社株式は上場株式である。

⑥ Ｍ社株式は非上場株式である。

⑦ Ｎ社株式は上場株式であり，当社は議決権の100％を保有しており，支配力基準を満たしている。

7 仕入及び棚卸資産に関する事項

(1) 商品は，すべて通常の販売目的で保有しており，その仕入はすべて掛けで行っている。当社では仕入以外で買掛金が計上されることはない。

(2) 次の帳票は，商品受払管理表の一部である。当期より売上の計上基準を出荷基準から検収基準に変更しているが，現品の管理のため，商品受払管理表の「払出」欄は，得意先に対して営業所倉庫から商品を出庫した日に記録されている。なお，売上原価の算定に必要な商品の払出単価の決定については，全社で同一の方法を採用している。

〔横浜営業所〕商品受払管理表（第25期／３月）　★★甲商品★★　（単位：円）

日付	摘要	受入		払出		残高		
		数量(個)	単価	数量(個)	単価	数量(個)	単価	金額
3／1	繰越	120	11,525			120	11,934	1,432,080
〜〜	〜〜	〜〜	〜〜	〜〜	〜〜	〜〜	〜〜	〜〜
3／19	入庫	140	12,000			230	11,600	2,668,000
3／26	出庫			124	11,600	106	11,600	1,229,600
3／27	入庫	100	12,115			206	11,850	2,441,100
3／30	出庫			66	11,850	140	11,850	1,659,000
	小計	1,280						

(3) 商品の評価は，移動平均法による原価法によっており，貸借対照表価額は収益性の低下による簿価切下げの方法により算定している。また，決算整理前残高試算表の繰越商品は，遡及処理前の期首残高であり，前期に全社で960千円の収益性の低下による簿価切下げを行っている。前期に計上した簿価切下額については，洗替え法によっている。なお，遡及処理された商品には，収益性の低下はなかった。

(4) 次の(5)及び(6)を除き，各営業所の棚卸報告書等に基づいて商品の期末評価を行った結果，収益性の低下による簿価切下額は540千円であり，簿価切下げ後の商品の貸借対照表価額は98,610千円であった。なお，当期において棚卸減耗は生じていなかった。

(5) 横浜営業所が取り扱っている甲商品について，帳簿残高は上記(2)のとおりであり，倉庫に保管されている現品の期末実地棚卸数量は140個であった。また，甲商品の商品受払管理表上，３月26日までに払い出された商品のすべてと，３月30日に払い出された商品のうち46個については，期末日までに得意先から検収が完了した旨の連絡があった。なお，当期末における甲商品１個当たりの売価は12,150円，見積販売直接経費は400円であった。

⑹　弘前営業所では，担当者が当期（第25期）の３月に誤って出荷日で売上を計上しているため（「３　売上及び売掛金に関する事項」⑷①参照），商品原価について必要な処理を行う。なお，弘前営業所が取り扱っている商品には，収益性の低下はなかった。

8　有形固定資産に関する事項

有形固定資産の減価償却費の計上は，⑴及び⑷に関する事項を除き，すでに適正に処理されている。また，有形固定資産の貸借対照表上の表示は，減価償却累計額を控除した残額のみを記載することとしている。

⑴　決算整理前残高試算表の建設仮勘定は，仙台営業所における商品用倉庫の新築工事に係るものであり，Ｘ５年５月に着工し，Ｘ６年１月に完成引渡し後，同月より事業の用に供している。工事代金は，着工時に30,000千円（支払期日：Ｘ５年11月30日），引渡し時に52,840千円（支払期日：Ｘ６年７月31日）の手形を振り出して支払っている。また，商品用倉庫の新築工事と併せて事務所の改修工事も行われており，これに係る支払額2,840千円が工事代金に含まれている。なお，事務所の改修工事に係る支出は，資本的支出とは認められなかった。

当社では，商品用倉庫の減価償却費の計算は定額法（耐用年数25年，償却率0.040，残存価額ゼロ）を採用している。

⑵　Ｘ５年11月末に当社が所有する土地（帳簿価額45,000千円）をＮ社に61,500千円で売却し，売却代金を仮受金に計上したのみで会計処理は未了である。

⑶　横浜営業所の土地（簿価120,000千円，時価135,000千円）は長期借入金100,000千円の担保に供している。

⑷　水戸営業所では，Ｘ５年10月１日に営業用自動車についてリース契約を締結し，同日より事業の用に供している。当該リース取引の契約内容等は次のとおりである。

①　解約不能のリース期間：４年

②　リース物件（営業用自動車）の経済的耐用年数：５年

③　リース料は月額150千円（総額7,200千円）である。リース料の支払は，Ｘ５年10月31日を第１回とする毎月末払いであり，支払済のリース料は支払リース料に計上している。

④　所有権移転条項及び割安購入選択権はともになく，リース物件は特別仕様ではない。

⑤　リース料総額の現在価値は6,624千円である。

⑥　当社におけるリース物件の見積現金購入価額は6,840千円である。

⑦　リース資産及びリース債務の計上額を算定するに当たっては，リース料総額からこれに含まれている利息相当額の合理的見積額を控除する方法によることとし，当該利息相当額についてはリース期間中の各期にわたり定額で配分する方法によることとする。

⑧　減価償却はリース期間を耐用年数とし，残存価額をゼロとする定額法によって行う。リース資産は，有形固定資産に一括して「リース資産」として表示するものとする。

⑸　当社では，減損会計を適用する場合，資産のグル－ピングは営業所ごとに行っており，認識された減損損失は，当期末の帳簿価額に基づく比例配分法により各資産に配分している。また，

減損処理を行った資産の貸借対照表上の表示は，減損処理前の取得原価から減損損失を直接控除し，控除後の金額をその後の取得原価としている。なお，税務上，固定資産の減損処理は全額損金として認められないため，税効果会計を適用する。

① 金沢営業所において，減損の兆候が認められた。金沢営業所の所有資産は次のとおりである。

（単位：千円）

	建　物	器具備品	土　地	合　計
取得原価	60,000	15,000	43,500	118,500
期末現在の減価償却累計額	24,000	4,500	—	28,500
期末現在の帳簿価額	36,000	10,500	43,500	90,000

② 金沢営業所から得られる割引前将来キャッシュ・フローの総額，資産グループの正味売却価額及び使用価値は，次のとおりである。

（単位：千円）

割引前将来キャッシュ・フローの総額	86,000
資産グループの正味売却価額	72,000
資産グループの使用価値	69,000

9　無形固定資産に関する事項

(1) ソフトウェア

① ソフトウェアの内訳は次のとおりである。いずれも社内利用目的であり，その利用により将来の費用削減効果が確実に認められる。償却年数は5年として前期まで償却しており，当期の減価償却計算は下記の(2)を含め未了である。

（単位：千円）

シ　ス　テ　ム	利用開始時期	前期末帳簿価額	備　考
会計処理システム	X4年7月1日	9,690千円	
営業管理システム	X1年12月1日	4,800千円	下記②参照
営業管理システム	X5年9月1日	15,600千円	

② 新営業管理システムの稼働に伴い，従来の営業管理システムはX5年8月31日付で除却した。

(2) のれんは，X3年9月に支出したもので，効果の及ぶ期間として10年間にわたって定額法により償却を行っている。

10　借入金に関する事項

(1) 決算整理前残高試算表の借入金のうち20,000千円は，運転資金に充てるため，X6年2月1日に借り入れたものであり，X6年7月31日に一括返済する予定である。金利は年1.8%で借入時に全額を支払っており，未経過利息の会計処理が未了である。

⑵　X５年11月１日に商品用倉庫の工事代金に充てるため，50,000千円を借り入れている。X６年４月30日を初回とし，X10年10月31日まで毎年４月末と10月末に元金均等返済及び利息の支払を行う。金利は1.2％であり，経過利息の会計処理が未了である。

⑶　上記⑴及び⑵以外の借入金の返済期限は，X７年４月１日以降である。

11　従業員賞与に関する事項

従業員賞与については，X６年６月の夏期賞与（支給対象期間はX５年12月からX６年５月）の支給額が23,160千円と見込まれており，当期に負担すべき金額を賞与引当金に計上する。税務上，支出時に損金算入されるため，税効果会計を適用する。なお，賞与引当金に対する法定福利費の会社負担分は考慮する必要はない。また，決算整理前残高試算表の賞与引当金は前期末残高であり，X５年６月の支給分は全額を従業員給与及び賞与に計上している。

12　退職給付引当金に関する事項

当社は確定給付型の退職一時金制度と企業年金制度を採用しており，従業員の退職給付に備えるため，期末における退職給付債務から年金資産の額を控除した金額をもって退職給付引当金を計上している。また，当社は従業員が300人未満であり，合理的に数理計算上の見積りを行うことが困難であるため，退職一時金制度においては期末自己都合要支給額を退職給付債務とし，企業年金制度においては年金財政計算上の数理債務を退職給付債務とする方法（簡便法）を採用している。

⑴　退職一時金制度における自己都合要支給額，企業年金制度における数理債務及び年金資産の額は次のとおりである。なお，年金資産の額は公正な評価額である。

	退職一時金制度	企業年金制度	
	自己都合要支給額	数理債務の額	年金資産の額
当期末	41,800千円	46,150千円	31,900千円
前期末	36,400千円	38,740千円	27,160千円

⑵　当期における退職一時金の支給額は2,560千円であり，仮払金に計上している。

⑶　当期における退職年金への拠出額は3,240千円であり，仮払金に計上している。また，年金給付支払額は1,380千円であった。

⑷　税務上，退職給付引当金は全額損金として認められないため，税効果会計を適用する。

⑸　決算整理前残高試算表の退職給付引当金は前期末残高である。

13　役員退職慰労引当金に関する事項

当社は内部規程に基づく期末要支給額を役員退職慰労引当金として計上しており，当期末の要支給額は21,900千円である。決算整理前残高試算表の役員退職慰労引当金18,600千円は前期末残高である。なお，当期において退任した役員に対して支払った退職慰労金1,500千円が役員報酬に計上されている。

役員退職慰労金は税務上，支出時に損金算入されるため，税効果会計を適用する。

14　配当に関する事項

X５年６月27日に開催された定時株主総会において，１株当たり800円（配当財源はその他利益剰余金）の金銭による配当を行うことが決議されたが，配当額を仮払金に計上したのみで会計処理が未了である。

なお，X５年３月31日現在における発行済株式総数は5,000株であった。

15　諸税金に関する事項

(1)　各税目とも前期末未払計上額と納付額に過不足はなかった。

(2)　当期の確定年税額（中間納付税額及び源泉徴収税額控除前）は，法人税及び住民税が48,106千円，事業税が7,180千円，消費税等が37,152千円である。なお，事業税の確定年税額には，付加価値割及び資本割により算定された税額2,380千円が含まれている。

(3)　決算整理前残高試算表の法人税等には，法人税及び住民税の中間納付額27,304千円，事業税の中間納付額4,080千円，源泉徴収された所得税360千円の合計31,744千円が計上されている。

(4)　消費税等の中間納付税額19,528千円が仮払金に計上されている。消費税等については，確定納付税額を未払消費税等に計上し，仮払消費税等と仮受消費税等の相殺残高との差額があれば，租税公課又は雑収入で処理するものとする。

(5)　税務上，事業税の未払計上額は損金として認められないため，税効果会計を適用する。なお，前期の未払事業税は2,630千円である。

【資料４】　個別注記表（一部抜粋）

1　重要な会計方針に関する注記

(1)　資産の評価基準及び評価方法

①　棚卸資産の評価基準及び評価方法

商品…（　ア　）による原価法（貸借対照表価額は収益性の低下による簿価切下げの方法により算定）

2　会計方針の（　イ　）に関する注記

「収益認識に関する会計基準」等を当事業年度の期首から適用し，約束した財又はサービスの（　ウ　）が顧客に移転した時点で，当該財又はサービスと交換に受け取ると見込まれる金額で収益を認識することとしています。当期首残高から新たな会計方針を適用しており，期首より前に新たな会計方針を適用した場合の累積的影響額（　エ　）千円を期首の繰越利益剰余金に加減しています。

3　貸借対照表に関する注記

(1)　関係会社に対する短期金銭債務　（　オ　）千円

(2)　有形固定資産の減価償却累計額　（　カ　）千円

(3)　長期借入金の担保に供している資産（土地）　（　キ　）千円

4　損益計算書に関する注記

(1)　関係会社との営業取引高　（　ク　）千円

(2)　関係会社との営業外取引高　（　ケ　）千円

本試験予想問題　第３回

出題者● 瑞　穂　会

解答・解説⇨106ページ

〔第 一 問〕 −25点−

企業会計における貸借対照表及び資産の評価に係る以下の各問に答えなさい。

問１　次の文章は企業会計原則第三　貸借対照表原則（以下，貸借対照表原則という）の抜粋である。空欄の（ a ）～（ i ）に当てはまる語句を答えなさい。なお，貸借対照表原則に記載されているとおりに解答すること。

> 第三　貸借対照表原則
>
> 一　貸借対照表は，企業の（ a ）を明らかにするため，（ b ）におけるすべての（ c ），（ d ）及び資本を記載し，（ e ），債権者その他の利害関係者にこれを正しく表示するものでなければならない。ただし，（ f ）に従つて処理された場合に生じた簿外資産及び簿外負債は，貸借対照表の記載外におくことができる。（注１）
>
> ［（ c ）・（ d ）・資本の記載の基準］
>
> A（ c ），（ d ）及び資本は，適当な（ g ），（ h ），（ i ）及び評価の基準に従つて記載しなければならない。

問２　期間損益計算を重視する会計思考の視点から，貸借対照表を期間損益計算と期間収支計算のズレから生じる未解消項目を収容するものとして考えることができる。そこで，（ c ）の属性を「収益・未収入」，「支出・未収入」と「支出・未費用」に分類した場合，下記の語群から最も適当と思われるものを記号で答えなさい。

ア	イ	ウ	エ	オ
投資資産	費用性資産	貯蔵資産	事業資産	貨幣性資産

問３　**問２**と同様に（ c ）の属性を捉える場合，貸借対照表の未収入項目は回収可能性を考慮して表示される。当該項目の回収可能性について，その一部が失われた事実が明らかになった時に回収不能額を切り捨てるといった評価替えを行う。また，貸借対照表の支出・未費用項目は，次期以降において利益を生み出すという目的から，有効な原価が貸借対照表に表示されるが，有用性が失われた事実が認識された時，その損失額を切り捨てる。両者の具体的な処理について，下記の語群から最も適当と思われるものをすべて記号で答えなさい。

ア	イ	ウ	エ	オ
低価評価損	有価証券評価損	貸倒引当金（損）	評価減	臨時償却

問4　企業会計上，将来の期間に影響する特定の費用について繰延処理を認めている。繰延処理の根拠について答えなさい。

問5　企業会計基準第９号「棚卸資産の評価に関する会計基準」（以下，「企業会計基準第９号」という）によれば，通常の販売目的で保有する棚卸資産は「取得原価をもって貸借対照表価額とし，期末における正味売却価額が取得原価よりも下落している場合には，当該正味売却価額をもって貸借対照表価額とする」と示されている。正味売却価額は，売価時価であり回収可能原価が貸借対照表に表示されるが，購買市場と売却市場が区別されている場合，購入市場の時価と購入に付随する費用を加算した額で評価された原価も一定の条件を満たすことで認められている。当該原価について，「企業会計基準第９号」で用いられている名称を使い答えなさい。

問6　「企業会計基準第９号」では，正味売却価額がマイナスの場合について取り上げられている。例えば，売価200千円，見積販売直接費230千円，仕掛品の帳簿価額10千円の場合，正味売却価額は△［各自計算］千円となり，このうち10千円は仕掛品の帳簿価額を切り下げればよいが，残額の損失は認識されない。この場合の，正味売却価額と「企業会計基準第９号」に示されている会計処理について答えなさい。

問7　（　c　）が取得原価で評価される根拠を貨幣資本の維持，利益計算の視点から答えなさい。

問8　企業会計原則で原則となる（　c　），（　d　）の（　h　）の方法を答えなさい。

〔第 二 問〕 －25点－

企業会計における貸借対照表及び資産の評価に係る以下の各問に答えなさい。

問1 下記の記述は企業会計原則注解18 引当金について（以下，注解18という）の抜粋である。空欄の（ a ）～（ e ）に当てはまる語句を答えなさい。なお，注解18に記載されているとおりに解答すること。

> 将来の特定の（ a ）又は（ b ）であつて，その発生が（ c ）し，（ d ）が高く，かつ，その金額を（ e ）ことができる場合には，当期の負担に属する金額を当期の（ a ）又は（ b ）として引当金に繰入れ，当該引当金の残高を貸借対照表の（ f ）の部又は（ g ）の部に記載するものとする。

問2 引当金に共通する特性について企業会計原則で示されている原則の名称を２つ答えなさい。

問3 負債性引当金と積立金の相違点について答えなさい。

問4 引当金と減価償却累計額の相違点について答えなさい。なお，減価償却資産のうち，リース資産，資産除去債務が含まれている等，割引現在価値によって算定されたものは除く。

問5 修繕引当金は，**問1**の引当金要件を満たさないことがある。下記の例題について，修繕引当金が計上できるか否かを答えなさい。問題文に記載されていない事象は考慮する必要はない。

> 当社は，翌期に大型の機械装置を購入予定であり，社内会議において，当該機械装置は実務経験上，定期修繕が必要であると予測される。そこで，当期の決算において，将来の発生する可能性は不確実であるが定期修繕費用を見積り修繕引当金として計上した。

問6 次の文章は退職給付に関する記述である。空欄の（ a ）～（ e ）に最も適切であると思われる用語と金額を答えなさい。

> 企業会計基準第26号　退職給付に関する会計基準
> 確定給付制度の開示
> 表 示
> 74. 退職給付に係る負債（又は資産）及び退職給付費用の表示については，平成10年会計基準の取扱いを踏襲しているが，将来の退職給付のうち当期の負担に属する額を当期の費用として引当金に繰り入れ，当該引当金の残高を負債計上額としていた従来の方法から，これらにその他の包括利益を通じて認識される，未認識数理計算上の差異や未認識過去勤務費用に対応する額も負債計上額に加える方法に変更した（第55項参照）ことに伴い，「退職給付引当金」及び「（ a ）」という名称を，それぞれ「（ b ）」及び「（ c ）」に変更している（第27項参照）。なお，個別財務諸表においては，当面の間，この取扱いを適用せず，従来の名称を使用することに留意が必要である（第39項(3)及び第86項から第89項参照）。

例えば，個別貸借対照表の場合，期首退職給付債務70,000千円，期首年金資産65,000千円，前期の数理計算上の差異発生額3,000千円（割引率引き下げにより生じ，前期から平均残存勤務期間10年で定額により償却を行っている。）では，期首の退職給付引当金は（　d　）千円となる。当期の勤務費用3,450千円，割引率２％，長期期待運用収益率１％であれば，数理計算上の差異の費用額を度外視すると退職給付費用が（　e　）千円増加する。

退職一時金及び年金基金への拠出額7,000千円を支払い，費用処理された数理計算上の差異（　f　）千円を考慮すると，期末の（　a　）は（　g　）千円となる。連結貸借対照表には，税効果会計考慮後（法人税等の実効税率30％とする。）における退職給付に係る調整累計額 △（　h　）千円が表示される。

問７　退職給付に係る会計基準の設定に関する意見書公開草案によれば，退職給付の性格として，労働協約等に基づいて従業員が提供した労働の対価として支払われると一般的に解釈されている。そのため，退職給付は賃金の後払という性格（賃金後払説）を有している。また，同時に長期間勤続している従業員を，相対的に優遇する支給倍率方式を採用しているため，功績報償という性格（功績報償説）も持ち合わせている。さらに，老後の生活保障という性格（生活保障説）も有している。現行の企業会計基準第26号「退職給付に関する会計基準」では，上記のうちいずれの退職給付の性格を踏襲したか記号で答えなさい。

ア	イ	ウ
賃金後払説	功績報償説	生活保障説

〔第 三 問〕 －50点－

次の【資料1】から【資料4】に基づき，以下の問1から問3について，解答用紙の所定の箇所に解答を記入しなさい。

問1　甲株式会社（以下「当社」とする。）の第101期（自2023年4月1日　至2024年3月31日）における貸借対照表及び損益計算書を，会社法及び会社計算規則に準拠して作成しなさい。

問2　会社計算規則に基づく附属明細書のうち「販売費及び一般管理費の明細」を作成しなさい。

問3　**【資料4】**の記号（　a　）から（　e　）の空欄に適切な用語を記入しなさい。**問1**と**問2**とは独立した問題である。

解答上の留意事項

イ　**【資料1】**の決算整理前残高試算表は，**【資料2】**に記載されている事項を除き，決算整理が適切に終了しているものとする。

ロ　消費税及び地方消費税（以下「消費税等」という。）の会計処理は，税抜方式による。また，消費税等の取扱いは**【資料2】**の指示に従うこと。

ハ　税効果会計については，適用する旨の記載のある項目についてのみ適用し，記載のない項目については考慮する必要はない。税効果会計の適用にあたっては，繰延税金資産の回収可能性に問題はないものとする。前期・当期の税率はともに30%とする。

ニ　会計処理及び表示方法については，特に指示のない限り原則的な方法によること。ただし，金額の重要性は考慮しない。

ホ　解答金額については，問題文の決算整理前残高試算表の金額欄の数値のように3桁ごとにカンマで区切り，マイナスとなる場合には，数値の前に「△」を付すこと。この方法で解答しない場合は正解としないので注意すること。

ヘ　金額計算において，千円未満の金額に端数が生じた場合は，千円未満を切り捨てること。なお，将来キャッシュ・フローの割引計算は計算の最後となる最終値を算定した後に千円未満切り捨て処理を行うこと。

ト　期間配分は，すべて月割計算とする。

チ　直物為替相場は1ドル当たり前期末140円，当期末146円，期中平均相場142円であった。

【資料１】 2024年３月末の決算整理前残高試算表

（単位：千円）

借方科目	金額	貸方科目	金額
現金預金	80,907	支払手形	57,600
受取手形	90,800	買掛金	128,190
売掛金	89,500	借入金	15,000
有価証券	93,070	契約負債	500
繰越商品	70,000	仮受金	43,920
未着品	237,000	仮受消費税等	49,640
貯蔵品	96	賞与引当金	15,000
仮払金	302,942	未払費用	2,250
仮払消費税等	31,605	その他流動負債	13,884
建物	各自計算	貸倒引当金	5,850
機械装置	各自計算	建物減価償却累計額	330,000
車両運搬具	各自計算	車両運搬具減価償却累計額	1,479
器具備品	50,000	器具備品減価償却累計額	25,390
土地	3,645,269	社債	197,704
建設仮勘定	40,000	退職給付引当金	51,950
ソフトウェア	43,500	資本金	各自計算
差入保証金	600	資本準備金	94,000
繰延税金資産	23,355	その他資本剰余金	272,000
仕入	1,100,000	利益準備金	113,000
販売費及び一般管理費	1,674,906	繰越利益剰余金	2,918,480
支払利息	360	一般売上	2,524,700
社債利息	3,000	未着品売上	612,000
為替差損益	5,338	受取配当金	3,500
		受取利息	525
		有価証券利息	1,746
	各自計算	合計	各自計算

瑞穂会問題

【資料2】 販売費及び一般管理費の内訳 （単位：千円）

勘定科目	金額
給与及び賞与	1,632,878
広告宣伝費	1,260
旅費交通費	3,510
支払家賃	7,200
租税公課	2,830
通信費	3,150
支払手数料	22,000
貸倒損失	1,600
修繕費	400
その他	78
合計	1,674,906

【資料3】 決算整理の未済事項及び参考事項

1 現金及び預金に関する事項

⑴ 当社の現金の帳簿残高は［各自計算］千円である。現金実査をしたところ下記のものが金庫に保管されていた。

紙幣及び硬貨	700千円
他人振出しの当座小切手	5,000千円
自己振出しの未渡小切手	［各自計算］千円
配当金領収証（未記帳）	70千円
支払期限到来済みのD社利札（未記帳）	730千円
収入印紙（未使用）	10千円
郵便切手（未使用）	70千円

なお，決算整理前残高試算表の貯蔵品は前期末に未使用の収入印紙16千円と郵便切手80千円を振り替えたものであり未処理となっている。配当金領収証の源泉徴収額は考慮外とする。

⑵ 会社作成のC銀行・普通預金の帳簿残高と，C銀行の普通預金残高は2024年3月31日現在，それぞれで合致していた。その後，C銀行で普通預金を記帳したところ，2024年4月1日以降について以下のような取引があった。

年 月 日	お支払金額	お預かり金額	差引残高	摘 要
24-03-31			各自計算 千円	繰越残高
24-04-01		各自計算 千円	各自計算 千円	取 立
24-04-05	400千円		6,500千円	引 出
24-04-25		8,900千円	15,400千円	振 込
24-04-30	2,000千円		13,400千円	Y （株）
24-04-30	4,250千円		9,150千円	返 済

得意先から回収した小切手600千円を取り立てるため，３月31日にC銀行の普通預金口座に預け入れたが，入金は４月１日となった。当社は，３月30日に得意先から小切手を回収した時，現金勘定で受入処理をしており，C銀行への取り立て依頼時には特に処理していない。

⑶ 当社はAAA銀行とDDD銀行に当座預金口座を開設している。当座預金出納帳の帳簿残高と両者の当座預金残高証明書の金額との差異原因を調査した結果，次の事実が判明した。また，AAA銀行とDDD銀行とは借越限度額20,000千円の当座借越契約を締結している。

① AAA銀行の当座預金残高 20,000千円 残高証明書 14,900千円

(イ) 旅費交通費1,360千円，広告宣伝費 各自計算 千円が当座預金から引き落とされたが未処理であった。

(ロ) 修繕費の支払いのために振り出した小切手500千円が金庫に保管され未渡しであった。

(ハ) 得意先から売掛金の代金として小切手600千円を回収し，銀行に預け入れたが未取り立てであった。

② DDD銀行の残高証明書 500千円

(イ) 不動産会社と賃貸借契約している店舗の一部を解約したため，敷金400千円について修繕費187千円を差し引き当座預金へ入金されたが未処理であった。

(ロ) 翌期首から使用を開始する機械装置を購入し，代金7,000千円について小切手を振り出して支払ったが未取付であった。

⑷ 定期預金は下記のとおりである。満期日が決算日の翌日から１年を超える場合は，長期性預金として処理する。

AAA銀行	2014年６月１日に預入。金額25,000千円，年利率３％，利払日５月末（年１回），預入期間10年である。なお，経過利息の会計処理が未了である。
DDD銀行	2022年４月１日に預入。金額30,000千円，年利率１％，利払日３月末（年１回），預入期間５年である。

2 売上債権及び貸倒引当金等に関する事項

⑴ 決算整理前残高試算表の受取手形のうち6,000千円は，2023年12月１日に取引先へ短期的な運転資金の貸付けを行った際に差し入れられたものである。手形の期日は2024年５月31日であり，当期の受取利息は適正に処理されている。

瑞穂会問題

⑵　当期に得意先へ，当社のみで使用可能な額面500千円の商品券を引き渡し，会計処理は適正に処理されている。得意先が保有している商品券の非行使部分については返金する必要がない。当該商品券は発行日から１年後に失効するが，得意先への商品券の販売は過去に行っておらず，その後に収益の著しい減額が生じない可能性が高い非行使部分を見積る能力を有していない。当期において，得意先は当該商品券のうち300千円を利用していたが未処理であった。なお，一般販売の売上として処理する。

⑶　得意先D社に対する営業債権は前期において回収に重大な問題が生じていたため貸倒懸念債権に区分していたが，同社は当期に二度目の不渡りを発生させ，銀行取引停止処分になった。D社に対する営業債権の期末残高は，受取手形3,800千円及び売掛金1,500千円である。なお，D社の社長個人が所有する不動産を担保に設定しており，担保設定額の時価は3,100千円，当期末現在の時価は2,600千円であった。決算整理前残高試算表の貸倒引当金勘定は，前期末残高であり，このうちD社に係る額2,650千円が含まれている。

⑷　過去３年間の貸倒実績率（期末残高に対する，翌年度の貸倒損失の発生割合）の平均値により一般債権の貸倒引当金を設定する。

売上債権 期末残高	2020年度	2021年度	2022年度
	80,000千円	130,000千円	160,000千円
貸倒損失額	2021年度	2022年度	2023年度
	2,400千円	2,600千円	1,600千円

⑸　税務上，貸倒引当金は一時差異に該当するため税効果会計を適用する。決算整理前残高試算表の繰延税金資産には，前期末の貸倒引当金の計上に関するものが含まれている。また，前期に発生した売上債権300千円の貸倒れを貸倒損失で処理していた。

3　棚卸資産に関する事項

⑴　当社は，米国企業から商品を輸入しており，船荷証券の一部を転売している。未着品の売買は前期から行っており，未着品の期首残高は6,000千円であった。未着品の売上原価は期末に一括して算定し，未着品売価は一般販売の20％増しである。

⑵　仕入先L社から荷為替の引受けを求められたので，これに応じて船荷証券を受け取っている。期末時点に荷為替手形400千ドルを保有している（これ以外に支払手形は保有していない）。

また，仕入先M社の買掛金300千ドルについて，取引日（2024年２月20日）の直物為替相場は１ドル当たり148円であった。その後，３月１日に為替変動のリスクをヘッジするため為替予約（買い予約）を行ったが未処理であった。予約日の直物為替相場と先物為替相場はそれぞれ，１ドル当たり147円，144円であり，決算時の先物為替相場は１ドル当たり145円であった。為替予約は原則的方法により処理すること。M社の他に買掛金は570千ドルあり，M社を含めてこれ以外に買掛金はない。

⑶　一般販売の原価率は毎期一定である。

⑷　期末の帳簿棚卸高は手許商品75,000千円（販売価格，上記２．⑵は考慮済み），未着品［各自計算］千円であり，手許商品の実地棚卸高は33,000千円であり，未着品には減耗及び収益性の低下はなかった。前期末の手許商品及び未着品には収益性の低下は生じていない。手許商品の一部に，破損による品質低下が認められ，収益性の低下による評価損200千円を計上する。税務上，商品

評価損は一時差異に該当するため税効果会計を適用する。

4　有価証券に関する事項

有価証券の内訳は次のとおりである。

銘　柄	保有目的	前期末残高		当期末残高	
		取得原価	時　価	取得原価または帳簿価額	時　価
A社株式	売買目的	各自計算 千円	各自計算 千円	各自計算 千円	各自計算 千円
B社社債	満期保有目的	270千ドル	285千ドル	各自計算 千ドル	295千ドル
C社株式	長期保有目的	―	―	6,000千円	―
D社社債	長期保有目的	―	―	160千ドル	174千ドル
E社株式	非上場の関連会社	25,000千円	―	25,000千円	―
F社株式	支配目的	15,000千円	5,500千円	各自計算 千円	5,000千円

(1)「売買目的有価証券」は，前期に500株（1株当たり20ドル，購入時の直物為替相場は1ドル当たり130円）で購入した。前期末の時価は1株当たり22ドルであり，時価評価による評価差額は切放法を採用している。当期末の時価は1株当たり23ドルであった。

(2)「満期保有目的債券」については，2022年11月1日に270千ドル（1ドル当たり134円）で取得したものである。額面300千ドル，満期日2027年10月31日，利率年4％，利払日10月末である。額面総額と取得原価との差額は金利の調整として認められるため，償却原価法（定額法）により処理を行い，当期償却額は期中平均相場で計算すること。また，未収利息計算が未了である。

(3)「その他有価証券」のうち，時価のあるものは時価法（評価方法は全部純資産直入法により処理し，評価差額には税効果会計を適用する。），時価のないものは原価法によって評価している。時価が取得原価の50％以上下落した場合には減損処理を行う（評価損は税効果会計を考慮外とする）。

(4) 当社（分離元企業）の事業のうち，FFF事業をC社（分離先企業）へ移転する会社分割がなされた。移転した事業に関する投資の清算が行われ，C社の株式6,000千円を取得したが，移転した事業資産及び事業負債の差額5,500千円を仮払金として処理したのみである（事業資産と事業負債の移転は適正に処理している）。

(5) D社社債は，2023年10月1日に取得したものであり，額面総額200千ドル，利率年5％，利払日は毎年9月末日及び3月末日，償還期間は5年である。ドルによる時価の変動に係る換算差額は評価差額として，それ以外の換算差額は為替差損益として処理する。取得時の為替相場は1ドル当たり143円とする。額面総額と取得原価との差額は金利の調整として認められるため，償却原価法（定額法）を適用する。

(6) 当社はE社の発行済株式数のうち25％を保有している。当期における決算時のE社の純資産額は20,000千円であった（F社も含めて評価損は税効果会計を考慮外とする）。

(7) 当社はF社の発行済株式数のうち60％を保有している。前期末に時価が著しく下落し，回復の見込みが不明であった。当社は取得原価から50％以上時価が下落した場合に，評価損を計上している。

瑞穂会問題

5　有形固定資産に関する事項

(1)　土地を除き，当期末に保有する有形固定資産に関する資料は以下のとおりである。当期における減価償却費の計上は未処理であった。なお，過年度の減価償却に関する処理は適正に行われている。有形固定資産の残存価額はすべてゼロである。なお，翌期首から使用する機械装置は含まれていない。

	取得原価	取得日	耐用年数	償却方法
建　　物	各自計算 千円	2012年4月6日	25年	定額法
機械装置	各自計算 千円	2023年4月6日	6年	定額法
器具備品	50,000千円	2020年10月1日	8年	200％定率法
車両運搬具	各自計算 千円	2020年11月1日	5年	定額法

(2)　当社は営業拠点を新たに設置するため，建物（以下「旧建物」という。）付き土地を購入し，旧建物を取り壊した後に当該土地に営業所を建設した。建物付土地購入及び営業所建設に関する支出額を建設仮勘定に計上している。なお，消費税等に関しては建設仮勘定から適切な勘定に振り替え済みである。

建設仮勘定残高内訳

計上年月	摘　　要	金　額
2023年4月	建物付土地購入金額	16,250千円
2023年4月	旧建物撤去費用	2,500千円
2023年5月	旧建物廃材売却収入	△　750千円
2023年6月	整地費用	1,500千円
2023年7月	営業所建設費	20,000千円
2023年9月	営業所完成記念費用（「その他」で処理）	500千円
建設仮勘定残高		40,000千円

営業所は2023年10月1日から使用開始し，耐用年数は25年である。

(3)　当社は2023年9月末に，使用した旧営業車を726千円（うち，消費税等66千円）で下取りに出して，新営業車（見積価額4,620千円（うち，消費税等420千円））を購入し，代金は当社振り出しの小切手により支払った。旧営業車の中古車市場における時価は660千円（うち，消費税等60千円）と見込まれた。当社は代金の支払いにつき仮払金処理を行ったが，その他の処理は消費税等を含めて未処理であった。新営業車は2023年10月1日から使用を開始しており，耐用年数は5年である。

(4)　当社は，2023年4月6日に機械36,000千円を取得し（購入の会計処理は適正に処理済），同日より事業の用に供している。この機械は耐用年数にわたって使用した後，これを除去する法的義務があり，除去する時の支出は3,000千円と見積もられているが，資産除去債務に関する会計処理が未了である。なお，資産除去債務の算定に用いる割引率は年3.0％とし，現在価値に割り引く際の現価係数は0.83とする。また，税務上，資産除去債務の計上は認められないため，税効果会計を適用する。

(5) 当期首に上記(4)の機械を管理するための備品についてリース会社と取引を開始した。当該リース取引は所有権移転外ファイナンス・リース取引に該当し，リース期間は３年である。当該リース物件の貸手の現金購入価額は620千円（当社において明らか），貸手の計算利子率年４％，リース料の総額は660千円であり，毎年３月末にリース料220千円を支払うが仮払金で処理したのみである。減価償却は定額法で行い，経済的耐用年数は４年である。

6　自己株式に関する事項

前期から繰り越された自己株式はなく，当期中の取得及び処分は以下のとおりである。

自己株式の取得	取得年月	１株単価	株数	付随費用
普通株式	2023年７月	30,000円	840株	18,000円
優先株式	2023年７月	28,000円	660株	22,000円

自己株式の処分	処分年月	１株単価	株数	付随費用
普通株式	2024年３月	37,000円	800株	28,000円
優先株式	2024年３月	26,000円	550株	20,000円

当社は，自己株式の取得及び付随費用の支出額を仮払金，自己株式の処分による入金額を仮受金で処理している。

瑞穂会問題

7　退職給付に関する事項

当社では，退職給付につき，当社からの直接給付と企業年金制度を併用している。期首・期末の残高は次のとおりである。

期　首		期　末	
期首退職給付債務	80,000千円	期末退職給付債務	83,700千円
期首年金資産	17,000千円	期末年金資産	注１
未認識過去勤務費用	7,400千円	未認識過去勤務費用	各自計算 千円
未認識数理計算上の差異	1,350千円	未認識数理計算上の差異	各自計算 千円
退職給付引当金	54,250千円	退職給付引当金	各自計算 千円

注１　年金資産の実際運用収益は580千円であった。

(1) 過去勤務費用は，2021年度から10年間の定額法により費用処理する。

(2) 未認識数理計算上の差異は，発生年度から10年間の定額法により費用処理し，上記の表に示されている未認識数理計算上の差異は前期に発生したものである。

(3) 従業員の給付については，退職一時金が1,500千円あり，年金基金からの給付が700千円あった。年金基金への拠出額は800千円あった。これらに関する処理は適正に行われている。

(4) 割引率は年３％，長期期待運用収益率は年４％とする。退職給付債務に係る当期の数理計算上の差異は生じていない。なお，退職給付引当金には税効果会計を適用する。決算整理前残高試算表の繰延税金資産には前期末の退職給付引当金に対して計上されたものが含まれている。

8　賞与に関する事項

当社は賞与を年２回支給しており，賞与引当金の会計方針として，支給見込額基準を採用している。当社の賞与支給規程は次のとおりである。

賞与支給規程

第１条　（目的）社員に対する賞与の支給は，本規程の定めるところにある。

〈途　中　省　略〉

第６条　（支給時期）支給時期は原則として以下のとおりとする。

夏季賞与　毎年７月10日

冬季賞与　毎年12月10日

第７条　（計算対象期間）賞与を計算するに当たり，支給対象期間は以下のとおりとする。

夏季賞与　前年11月１日より４月31日まで

冬季賞与　５月１日より10月31日まで

〈以　下　省　略〉

2024年７月の賞与支給見込額は，労使交渉の結果24,000千円と見積もられており，賞与引当金の計算は月割による。

当期の負担に属する賞与に係る社会保険料等の会社負担分は15%として計算し未払費用で処理する。損益項目は給与及び賞与勘定にて処理すること。決算整理前残高試算表の賞与引当金及び未払費用には前期末残高が計上されている。なお，賞与引当金及び未払費用には税効果会計を適用するが，源泉徴収税等は無視する。決算整理前残高試算表の繰延税金資産には前期末の賞与引当金に対して計上されたものが含まれている。

9　借入金に関する事項

前期首に期間５年，変動金利により25,000千円を借り入れた。借入れと同時に変動金利と固定金利を変換するため，期間５年，想定元本25,000千円のスワップ契約を締結した。ヘッジ会計の適用要件を満たしており，繰延ヘッジ処理を採用している。2024年３月31日に適用される変動金利は，借入金1.8%，金利スワップ1.6%で，金利スワップの2024年３月31日の時価は80千円（評価益）である。金利スワップの純受取額は仮受金に計上されており，支払利息と差し引いて処理すること。前期末に行った会計処理は，当期において適正に処理されている。金利スワップは「投資その他の資産」へ表示する。

	借　入　金	金利スワップ
契　約　日	2022年４月１日	2022年４月１日
（想定）元本	25,000千円 毎年３月31日に5,000千円返済	25,000千円 毎年３月31日に5,000千円減額
金　　利	変　　動	（受取）　変動 （支払）　1.5%（固定）
金利支払日	毎年３月31日（後払い）	毎年３月31日（後払い）

10　社債に関する事項

当社は，次の条件により，2022年４月１日に社債を発行している。

(1)　発行価額　１口額面100,000円につき98,000円
(2)　発行口数　2,000口
(3)　償還期限　2027年３月31日
(4)　利　　率　年1.5％（毎年３月末の年１回払）

「金融商品に関する会計基準」に準拠して，社債の価額の算定は利息法により行い，実効利子率（実質利子率）は年2.4％として計算する。当期末に，社債の額面60,000千円について１口99,000円で償還したが仮払金で処理していた。償還により減少する社債の金額は，償還される社債の額面をもとに計算すること。

11　ソフトウェアに関する事項

2023年８月１日に事務部門の合理化のため，外部からソフトウェアを購入した。このソフトウェアを利用することにより，将来の費用削減が確実であると認められた。このソフトウェアを導入するための費用をすべて「ソフトウェア」として資産計上した。内訳は以下のとおりである。

(1)　ソフトウェアの導入設定作業及び仕様に合わせる修正作業	2,000千円
(2)　ソフトウェアの購入代価	40,000千円
(3)　旧システムデータをコンバートする費用	1,000千円
(4)　ソフトウェアの操作をトレーニングするための費用	500千円

なお，当期の償却費以外の費用については，「その他」として処理し，償却額は定額法により利用見込可能期間５年にわたり償却をする。

12　剰余金等の処分に関する事項

2023年６月20日に開催された定時株主総会で，発行済株式１株当たり16,000円（配当財源は繰越利益剰余金9,000円とその他資本剰余金7,000円）の金銭による配当を行うことが決議されたが，配当額を仮払金に計上したのみであり，会計処理が未了である。なお，当社の2023年３月31日現在における発行済株式総数は11,000株であり，前期末から2023年６月20日までに，純資産の部の各計数の額に変動はなかった。配当金に係る源泉所得税は考慮しなくてよい。

13　諸税金に関する事項

(1)　各税目とも前期末未払計上額と納付額に過不足はなかった。
(2)　当期の確定年税額（中間納付額及び源泉徴収税額控除前）は法人税及び住民税5,187千円，事業税1,220千円，消費税等18,030千円である。なお，事業税の確定年税額には，付加価値割及び資本割により算定された税額187千円が含まれている。
(3)　決算整理前残高試算表の仮払金には，法人税及び住民税の中間納付額1,800千円，事業税の中間納付額620千円が含まれている。
(4)　消費税等の中間納付税額11,740千円が仮払金に計上されている。消費税等については，確定納付税額を未払消費税等に計上し，仮払消費税等と仮受消費税等の相殺残高との差額があれば租税公課又は雑収入で処理する。

瑞穂会問題

(5) 税務上，事業税の未払計上額は損金として認められないため，税効果会計を適用する。決算整理前残高試算表の繰延税金資産には前期末の事業税の未払計上額に対して計上したものが含まれている。

【資料4】

以下の文章は企業会計基準委員会が2013年（最終改正）に公表した企業会計基準第22号「連結財務諸表に関する会計基準」の一部を抜粋したものである。

連結財務諸表作成における一般原則

9．連結財務諸表は，企業集団の財政状態，経営成績及び（　a　）の状況に関して真実な報告を提供するものでなければならない。

10．連結財務諸表は，企業集団に属する親会社及び子会社が（　b　）と認められる企業会計の基準に準拠して作成した個別財務諸表を基礎として作成しなければならない。

11．連結財務諸表は，企業集団の状況に関する判断を誤らせないよう，利害関係者に対し必要な財務情報を（　c　）するものでなければならない。

12．連結財務諸表作成のために採用した基準及び手続は，（　d　）して適用し，（　e　）これを変更してはならない。

本試験予想問題　第４回

出題者●　学者×実務家のコラボ模試

解答・解説⇨133ページ

〔第　一　問〕　－25点－

以下の**問１**～**問３**に答えよ。

問１　以下の記述は，企業会計基準第９号「棚卸資産の評価に関する会計基準」から引用したものである。これに基づいて，(1)及び(2)の問に答えなさい。

> 7．通常の販売目的（販売するための製造目的を含む。）で保有する棚卸資産は，（　a　）をもって貸借対照表価額とし，期末における（　b　）が（　a　）よりも下落している場合には，当該（　b　）をもって貸借対照表価額とする。
>
> 10．製造業における原材料等のように（　c　）の方が把握しやすく，（　b　）が当該（　c　）に歩調を合わせて動くと想定される場合には，継続して適用することを条件として，（　c　）によることができる。

(1)　空欄（　a　）～（　c　）に当てはまる最も適切な語句を答えなさい。

(2)　棚卸資産の低価法に係る評価基準としては，（　b　）と（　c　）があるとされるが，（　b　）まで帳簿価額を切り下げるとされた根拠を述べなさい。

問２　固定資産の減損に関する以下の(1)及び(2)の問に答えなさい。

(1)　次の**【資料】**に基づき，イ～ハの問に答えなさい。

【資料】

	個別財務諸表			連結財務諸表
	X社の工場A	Y社の工場B	合計	
取得原価	800	350	1,150	1,150
減価償却累計額	(200)	(100)	(300)	(300)
（　a　）	550	−	−	900
（　b　）	350	−	−	500

- X社は，個別財務諸表上，自社工場Aをグルーピングの単位として減損損失の認識の判定を行っている。工場Aから得られる（　a　）の総額と帳簿価額を比較し，減損損失の認識が必要と判定されれば，帳簿価額を（　b　）まで減額する。一般的には，資産又は資産グループの売却処分を前提とした価額ではなく，（　c　）が（　b　）になると考えられる。
- X社は，連結財務諸表上，自社工場Aと部品製造子会社Y社の工場Bをグルーピングの単位として減損損失の判定を行っている。Y社の工場Bには減損の兆候がないため，減損損失認識の判定は行っていない。

イ．空欄（　a　）～（　c　）に当てはまる最も適切な語句を答えなさい。

ロ．X社の個別財務諸表上の減損損失の金額を答えなさい。

ハ．連結財務諸表上の減損損失の金額を答えなさい。

⑵　減損損失の認識の判定において，国際会計基準（IAS）第36号では資産又は資産グループの（　b　）が帳簿価額を下回っている場合に減損損失を認識するのに対して，日本基準では資産又は資産グループが生み出す（　a　）の総額と帳簿価額を比較する理由を答えなさい。

問3　以下の記述は，企業会計基準第10号「金融商品に関する会計基準」から引用したものである。これに基づいて，⑴及び⑵の問に答えなさい。

> 18．売買目的有価証券，満期保有目的の債券，子会社株式及び関連会社株式以外の有価証券は，（　a　）をもって貸借対照表価額とし，評価差額は洗い替え方式に基づき，次のいずれかの方法により処理する。
>
> ①　評価差額の合計額を（　b　）の部に計上する。
>
> ②　（　a　）が取得原価を上回る銘柄に係る評価差額は（　b　）の部に計上し，（　a　）が取得原価を下回る銘柄に係る評価差額は当期の損失として処理する。

⑴　空欄（　a　）及び（　b　）に当てはまる最も適切な語句を答えなさい。

⑵　①のように評価差額を処理する理由を答えなさい。

⑶　②の処理は，企業会計原則における一般原則のうち，いずれの原則から説明されるか答えなさい。

〔第 二 問〕 －25点－

以下の**問1**と**問2**に答えよ。

問1 企業会計基準第10号「金融商品に関する会計基準」第57項には，以下の文章がある。これに基づいて，(1)から(3)の問に答えなさい。

> 金融資産を譲渡する場合には，譲渡後において譲渡人が譲渡資産や譲受人と一定の関係を有する場合がある。このような条件付きの金融資産の譲渡については，金融資産の（　a　）と（　b　）のほとんどすべてが他に移転した場合に当該金融資産の消滅を認識する方法と，<u>金融資産を構成する財務的要素に対する支配が他に移転した場合に当該移転した財務構成要素の消滅を認識し，留保される財務構成要素の存続を認識する方法</u>とが考えられる。

(1) 空欄（　a　）と（　b　）に当てはまる最も適切な語句を答えなさい。

(2) 「金融商品に関する会計基準」が採用する下線部の方法は，どのように呼ばれているか，解答用紙の所定の箇所に記入しなさい。

(3) 次の**【資料】**に基づき，（　c　）～（　e　）に当てはまる金額を答えなさい。

【資料】

- A社が帳簿価額1,000の債権を，下記の契約条件で第三者に1,200の現金を対価として譲渡した。
- A社は，買戻権（譲受人から買い戻す権利）を持ち，延滞債権を買い戻すリコース義務を負い，また，譲渡資産の回収代行を行う。
- 取引は，支配の移転のための条件を満たしている。
- 現金収入，回収サービス業務資産，買戻権及びリコース義務のそれぞれの時価は次のとおりである。

現金収入	1,200
回収サービス業務資産（残存部分）	40
買戻権（新たな資産）	100
リコース義務（新たな負債）	90

現金収入及び新たに認識される買戻権とリコース義務の時価の合計（　c　）が，消滅部分の時価であり，債権の譲渡価額となる。消滅部分の譲渡原価は，消滅直前の帳簿価額1,000を消滅部分の時価（　c　）と残存部分である回収サービス業務資産の時価で按分した結果，（　d　）となる。従って，債権譲渡益（　e　）が計上される。

問2　以下の⑴及び⑵の問に答えなさい。

⑴　企業会計基準第22号「連結財務諸表に関する会計基準」第７項にある「他の企業の意思決定機関を支配している企業」として，不適切なものをすべて選び，記号で答えなさい。

ア　自己の計算において他の企業の議決権の100分の65を所有している企業

イ　自己の計算において他の企業の議決権の100分の45を所有しており，自己の意思と同一の内容の議決権を行使すると認められる緊密な関係にある者が，議決権の100分の10を所有している。

ウ　自己の計算において他の企業の議決権の100分の35を，自己と緊密な関係にある者が当該他の企業の議決権の100分の15を所有しており，当該他の企業の重要な財務及び営業又は事業の方針の決定を支配する契約が存在する。

エ　他の企業の議決権の100分の40を自己の計算において所有しており，他の企業の資金調達額（貸借対照表の負債の部に計上されているもの）の総額の過半について融資を行っている。

⑵　企業結合により生じるのれんは，資産に計上し，20年以内のその効果の及ぶ期間にわたって，定額法その他の合理的な方法により規則的に償却される。以下の記述は，企業会計基準第21号「企業結合に関する会計基準」第105項を引用したものである。これに基づいて，以下のイとロの問に答えなさい。

> のれんの会計処理方法としては，その効果の及ぶ期間にわたり「規則的な償却を行う」方法と，「規則的な償却を行わず，のれんの価値が損なわれた時に（　a　）処理を行う」方法が考えられる。「規則的な償却を行う」方法によれば，企業結合の成果たる（　b　）と，その対価の一部を構成する投資消去差額の償却という（　c　）の（　d　）が可能になる。また，のれんは投資原価の一部であることに鑑みれば，のれんを規則的に償却する方法は，投資原価を超えて回収された超過額を企業にとっての利益とみる考え方とも首尾一貫している。さらに，企業結合により生じたのれんは時間の経過とともに（　e　）に入れ替わる可能性があるため，企業結合により計上したのれんの非償却による<u>（　e　）の実質的な資産計上を防ぐことができる</u>。

イ．空欄（　a　）～（　e　）に当てはまる最も適切な語句を答えなさい。

ロ．下線部について，なぜ（　e　）の実質的な資産計上を防ぐ必要があるのか，その理由を説明しなさい。

〔第 三 問〕 －50点－

【資料１】及び**【資料２】**に基づき，次の**問１～問３**の各問について答えなさい。。

問１　多摩電気通信工業株式会社（以下「当社」という。）の当期（第74期：自Ｘ５年４月１日　至Ｘ６年３月31日）における貸借対照表及び損益計算書を，会社法及び会社計算規則に準拠して作成しなさい。

問２　当社の第74期の製造原価明細書を作成しなさい。

問３　当社の第74期の売上原価明細書を作成しなさい。

解答留意事項

イ　消費税及び地方消費税（以下,「消費税等」という。）の会計処理は，税抜方式によるものとする。なお，特に指示のない限り，消費税等について考慮する必要はないものとする。

ロ　税効果会計は，特に記述のない項目については適用しない。また，その適用に際しての法定実効税率は，前期及び当期ともに30%とする。なお，繰延税金資産の回収可能性については問題のないものとする。

ハ　会計処理及び表示方法については，特に指示のない限り原則的な方法によるものとし，金額の重要性は考慮しないものとする。

ニ　解答金額については，**【資料１】**の決算整理前残高試算表における金額欄の数値のように３桁ごとにカンマで区切ること。また，解答金額がマイナスとなる場合には，金額の前に「△」印を付すこと。この方法によっていない場合には正解としない。

ホ　計算過程において，千円未満の端数が生じた場合は，百円の位で四捨五入すること。

ヘ　日数の計算は，便宜上すべて月割計算で行うこと。

ト　Ｘ６年３月31日の為替相場は，１ドル＝84円である。

【資料１】 多摩電気通信工業株式会社の決算整理前残高試算表

決算整理前残高試算表
X６年３月31日

（単位：千円）

勘定科目	金額	勘定科目	金額
現金	23,502	買掛金	181,650
預金	971,380	借入金	290,000
受取手形	109,200	預り金	180,545
売掛金	815,880	仮受金	21,935
製品	410,000	契約負債	48,060
材料	157,900	仮受消費税等	325,725
仕掛品	185,000	貸倒引当金	11,025
仮払金	135,120	退職給付引当金	334,260
仮払消費税等	171,350	役員退職慰労引当金	128,300
建物	1,765,800	建物減価償却累計額	706,400
機械装置	1,555,700	機械装置減価償却累計額	932,900
工具器具備品	504,300	工具器具備品減価償却累計額	440,600
土地	1,875,486	資本金	100,000
ソフトウェア	54,670	資本準備金	69,300
投資有価証券	367,030	その他資本剰余金	3,773
繰延税金資産	298,830	利益準備金	8,700
自己株式	9,820	別途積立金	4,460,700
材料仕入	1,639,200	繰越利益剰余金	575,245
労務費	1,905,060	新株予約権	6,750
製造経費	1,349,600	売上高	6,463,700
販売費及び一般管理費	913,340	受取利息及び配当金	26,400
為替差損	7,300	為替差益	6,600
雑損失	35,900	雑収入	51,300
固定資産除却損	7,640	固定資産売却益	4,100
法人税等	108,960		
合計	15,377,968	合計	15,377,968

【資料２】 決算整理の未済事項及び参考事項

1　現金預金に関する事項

(1)　当座預金の帳簿残高△160,900千円に対し銀行残高の合計は71,100千円である。マイナス残高及び差額は，Ａ銀行における当座借越契約に基づく借越額227,900千円の会計処理未済分とＢ銀行における小切手の未取付額4,100千円（運送費の支払代金）によるものである。なお，Ｂ銀行とは当座借越契約を締結していない。

(2)　輸入代金の決済に備えて保有している外国通貨が120千ドル含まれており，決算整理前残高試算表には取得時の直物為替相場で円換算した金額10,680千円で計上されている。

(3)　Ｘ６年３月31日における現金の実際有高（外国通貨120千ドルを含む）は20,900千円であり，現金の帳簿残高と実際有高の差額のうち，原因が判明したものは，営業所における通信費の記帳漏れ1,375千円（税込金額であり，消費税等を10％考慮すること）のみである。原因不明の現金過不足は，雑損失又は雑収入として処理すること。

2　販売取引に関する事項

(1)　当社は電気通信業を営んでおり，機械装置，据付工事，保守サービスをワンパッケージとして顧客に対して契約価格9,100千円でセット販売している。

(2)　当社は，機械装置，据付工事，保守サービスを，それぞれ単独でも販売している。その際，次の独立販売価格を設定している。

機械装置：5,500千円，据付工事：3,500千円，保守サービス：1,000千円

(3)　当社は，機械装置と据付工事の組み合わせを契約価格8,100千円のパッケージでも販売している。

(4)　当社はＸ５年10月１日に顧客Ｎ社と機械装置，据付工事，保守サービスのセット販売の契約を締結した。契約日に機械装置を引渡し，同日に据付工事も完了することで履行義務を充足している。また，保守サービス期間は契約日から５年間であり，一定の期間にわたり充足される履行義務に該当する。なお，契約時にセット販売の代金総額9,100千円を現金で受領しているが仮受金として処理しているのみである。

3　貸倒引当金に関する事項

(1)　貸倒引当金の計上は次のとおりとする。

①　営業債権を一般債権，貸倒懸念債権及び破産更生債権等に区分して算定する。一般債権については，過去の貸倒実績率に基づいて受取手形及び売掛金の期末残高の0.2％を引当計上する。貸倒懸念債権については，債権総額から担保及び保証による回収見込額を控除した残額の50％相当額を引当計上する。破産更生債権等については，債権総額から担保及び保証による回収見込額を控除した残額を引当計上する。

②　貸倒引当金の貸借対照表上の表示は，流動資産の区分及び固定資産の区分の末尾にそれぞれ一括して控除科目として表示する。損益計算書上は繰入額と戻入額を相殺した差額で表示し，破産更生債権等に該当するものについては，特別損失の区分に計上する。

⑵　支払遅延が発生した得意先Ｃ社に対して，Ｘ５年12月から現金販売としている。現金販売に切り換えた時点での売上債権9,030千円については，Ｘ６年１月31日期日の手形を受け取っていたが，同社の要請でＸ６年７月31日期日の手形に差し替えた。なお，同社は経営破綻の状態には至っていないが，業績の不振で財務内容が悪化しており，債務の弁済に重大な問題が生じる可能性が高いと判断される。なお，Ｃ社の親会社による支払保証額が1,000千円ある。

⑶　得意先Ｄ社に対する債権は，前期において貸倒懸念債権に区分し，取引を停止していたが，Ｘ６年１月に二度目の不渡りを発生させ，銀行取引停止処分になった。Ｄ社に対する債権は受取手形8,120千円及び売掛金3,430千円である。なお，Ｄ社から3,000千円の定期預金証書を担保として入手している。Ｄ社に対する債権で１年以内に回収が見込まれているものはないものとする。

⑷　得意先Ｅ社に対する債権は，前期において貸倒懸念債権に区分し，取引を停止していたが，Ｘ５年11月に民事再生法の適用を申請し，Ｘ６年２月に再生計画が決定され，債権の85％は切り捨てられ，残り15％については当期から５年間で均等返済されることになった。Ｅ社に対する債権は受取手形7,875千円及び売掛金2,625千円であるが，再生計画決定に伴う会計処理は未済である。また，再生計画に基づく当期分の返済315千円は入金済みで仮受金に計上されている。なお，再生計画が決定されたとはいえ，Ｅ社の再建は不透明であり，債権は破産更生債権等に属するものとし，今後の分割返済額については，決算期以後１年以内に返済期限が到来するものについても，その全額を投資その他の資産に計上するものとするとともに，貸倒引当金で充当できない不足額については特別損失に計上する。

⑸　決算整理前残高試算表に記載されている貸倒引当金の金額は前期末残高であり，一般債権に係る額1,500千円，Ｄ社に係る額4,275千円及びＥ社に係る額5,250千円である。

4　投資有価証券に関する事項

投資有価証券の内訳は次のとおりである。

（単位：千円）

銘柄等	前期末残高		当期末残高		備　考
	取得原価	市場価格	取得原価	市場価格	
Ｆ社株式	78,500	65,300	78,500	61,400	上場株式であり，長期的投資目的
Ｇ社株式	48,700	28,600	48,700	21,400	上場株式であり，長期的投資目的
Ｈ社株式	30,000	－	30,000	－	非上場株式であり，長期的投資目的（議決権10％所有）
Ｉ社株式	98,000	100,000	98,000	97,000	上場子会社株式（議決権70％所有）
Ｊ社株式	13,000	－	－	－	非上場子会社株式（議決権80％所有）
Ｋ社社債	－	－	98,830	99,200	満期保有目的の債券

⑴　「その他有価証券」は，市場価格のない株式については原価法，それ以外の有価証券については時価法（評価差額は全部純資産直入法により処理し，税効果会計を適用する。）によって評価している。前期決算の「その他有価証券」に係る評価仕訳（税効果に関する仕訳を含む。）は期首に振り戻しを行っている。

(2) G社株式は時価が著しく下落し，回復する見込がないため，当期末に減損処理を行う。減損から生じる評価損は，税務上は損金不算入で一時差異に該当することから税効果会計を適用する。

(3) H社株式は実質価額が著しく低下したため，当期末に減損処理を行う。減損から生じる評価損は，税務上は損金不算入で一時差異に該当することから税効果会計を適用する。当期末におけるH社の資産総額は500,000千円，負債総額は400,000千円である。

(4) 当社はX5年4月1日付で休眠会社であったJ社を吸収合併し，吸収合併の対価として当社以外のJ社株主に当社株式を新株発行し50株交付したが，J社から引き継いだ現金1,400千円を仮受金計上しているのみで，吸収合併に伴う会計処理が未了である。

① 当社は，X1年3月31日にJ社株式の80%を13,000千円で取得し，子会社としている。連結上生じるのれんは発生の翌年度より10年間で定額法により償却している。J社の支配獲得時において，簿価と時価が乖離しているのは土地のみであり，当社の連結財務諸表上，土地の時価評価から生じる評価差額に対してJ社の法定実効税率30%で税効果会計を適用している。なお，当該土地はX5年3月31日に至るまで，売却・減損等は生じていない。

② X1年3月31日のJ社の資本勘定等は，以下のとおりである。

	資本金	繰越利益剰余金	土地（簿価）	土地（時価）
X1年3月31日	10,000千円	2,200千円	14,000千円	18,000千円

③ J社吸収合併に伴う当社の増加すべき株主資本は，資本金1,000千円，残額をその他資本剰余金とする。

④ X5年4月1日における当社株式の時価は，1株当たり80千円である。

⑤ X5年3月31日におけるJ社の貸借対照表は，次のとおりである。J社の最終事業年度における法人税等の確定税額200千円は，X5年度中に当社が納付し，納付額は仮払金に計上している。

J社貸借対照表

X5年3月31日

（単位：千円）

科目	金額	科目	金額
現金	1,400	未払法人税等	200
土地	14,000	資本金	10,000
		繰越利益剰余金	5,200
資産合計	15,400	負債及び純資産合計	15,400

(5) K社社債は，X5年7月1日に取得したもので，満期はX8年9月30日であり，取得価額と債券金額100,000千円との差額は金利の調整と認められる。償却原価法の適用に際しては定額法によることとし，「受取利息及び配当金」に加減して処理する。

学者×実務家問題

5　自己株式に関する事項

前期末における自己株式の数は120株であり，決算整理前残高試算表の自己株式残高は前期末残高である。X５年６月27日に退任取締役より40株を3,380千円で買い取り，その後，X５年７月15日に新任取締役に対して136株を10,880千円で処分したが，買い取り代金は仮払金に計上し，処分代金は仮受金に計上しているのみであり，自己株式に関する会計処理が未了である。自己株式の払出単価の計算は移動平均法によることとし，自己株式の取得及び処分に伴う付随費用は考慮しないこととする。また，税務上の「みなし配当」に係る課税も考慮しないこととする。

6　棚卸資産に関する事項

棚卸資産の期末棚卸高は，次のとおりである。なお，下記の期末棚卸高の評価に係る計算は，問題の他の箇所に記載されている決算整理事項も含め，すべて終了しているものとする。

（単位：千円）

科　目	帳簿棚卸高	実地棚卸高	差　額	備　　考
製　　品	424,100	415,000	9,100	差額原因は，見本展示用に払い出した製品の費用処理が未済であったことによるものである。見本品費は販売費として処理する方法による。
材　　料	162,300	156,800	5,500	差額原因は，X５年10月に材料仕入先から購入した製造用工具を材料仕入として会計処理したことによるものである。当該工具の耐用年数は２年，残存価額０で定額法により減価償却を行う。なお，代金はすでに支払済みである。
仕 掛 品	187,200	187,200	－	期末残高の中に，研究開発費として処理すべき材料費，労務費及び経費が7,200千円含まれている。研究開発費は一般管理費として処理する方法による。

また，決算整理前残高試算表に記載されている製品，材料及び仕掛品の金額は，前期末残高である。

7　有形固定資産に関する事項

減価償却費の計算は，「６　棚卸資産に関する事項」及び，以下の(3)及び(4)に記載されている事項を除き，当期分の償却計算も含め，適正に終了している。

(1)　当期末に当社のL事業部において減損の兆候が見られたが，減損損失の認識の判定が未了となっている。なお，減損会計を適用する場合の資産のグルーピングは事業部ごとに行うこととしており，減損損失は資産の種類ごとに，当期末現在の帳簿価額に基づき配分するものとする。

① Ｌ事業部の所有資産の内訳は，次のとおりである。

（単位：千円）

区　分	建　物	機械装置	工具器具備品	土　地	合　計
取得原価	219,220	171,760	75,340	155,820	622,140
当期末現在の減価償却累計額	85,660	112,400	53,080	0	251,140
当期末現在の帳簿価額	133,560	59,360	22,260	155,820	371,000

② 同事業部から得られる割引前将来キャッシュ・フローの合計額は368,000千円と見積もられ，また，同事業部の正味売却価額は350,000千円，使用価値は357,500千円と見積もられた。

(2) 減価償却累計額及び減損損失累計額は，貸借対照表上，直接控除方式によって表示する。

(3) 当社はＸ５年４月１日に営業所建物Ｍを取得し，使用を開始した。営業所建物Ｍの耐用年数は20年であり，当社には営業所建物Ｍを使用後に除去する法的義務がある。当社が営業所建物Ｍを除去するときの支出は12,000千円と見積もられている。当社は営業所建物Ｍについて残存価額０で定額法により減価償却を行っているが，資産除去債務に関する会計処理が未了である。なお，資産除去債務の算定に際して用いられる割引率は2.0％とし，期間20年の現価係数は0.67とする。

(4) 当社はＸ５年４月１日に工場で用いる製造用の機械装置につきリース契約を締結し，同日より事業の用に供している。当該リース取引の契約内容等は，次のとおりである。

① 当該リース取引は所有権移転外ファイナンス・リース取引に該当する。

② 解約不能のリース期間は５年である。

③ リース料総額の現在価値は5,460千円である。

④ 当社の見積現金購入価額は5,390千円である。

⑤ 貸手の購入価額は5,400千円（当社は知りえない）である。

⑥ 当社の追加借入利子率は年3.5％である。

⑦ 貸手の計算利子率は年3.7％（当社は知りえない）である。

⑧ リース料総額の現在価値が見積現金購入価額と等しくなる利子率は年4.0％である。

⑨ リース資産の減価償却は級数法による。

⑩ リース料は，毎年９月末日及び３月末日の半年ごとに600千円支払う契約であるが，当期の支払済リース料は製造経費で処理している。

8　ソフトウェアに関する事項

ソフトウェアの内訳は次のとおりであるが，償却計算は未了である。いずれも社内利用目的であり，その利用により将来の費用削減が確実に認められ，償却年数は５年である。

（単位：千円）

システム	利用開始時期	取得原価	前期末帳簿価額	費用計上区分
在庫管理	Ｘ５年２月	各自推定	27,840	製造費用
顧客管理	Ｘ４年３月	各自推定	19,270	販売費及び一般管理費
生産管理	制作途中	7,560	－	製造費用

9　買掛金に関する事項

買掛金に外貨建買掛金106千ドルが含まれており，決算整理前残高試算表には，輸入時の直物為替相場で円換算した金額9,540千円で計上されている。

10　借入金に関する事項

(1)　決算整理前残高試算表の借入金残高のうち90,000千円は，運転資金に充てるためＸ６年３月31日に90,000千円を借り入れたもので，Ｘ６年４月30日より毎月末6,000千円の返済及び利息の支払いを行う予定である。

(2)　当社は，以下の借入金及び金利スワップに関する契約を締結している。

①　当社は，新工場建設資金に充てるため，Ｘ５年10月１日に甲銀行より期間５年，TIBORプラス0.5％で200,000千円の借入れを行い，借入金勘定で処理している。当該借入金は，Ｘ10年９月30日に一括返済の条件である。借入金の利息は，毎年３月31日，９月30日に後払いするが，Ｘ６年３月31日の利払いは仮払金で処理している。

②　借入に際し，金利上昇に伴う利払いの増加を回避するために，Ｘ５年10月１日に乙銀行と期間５年の金利スワップ契約を締結した。想定元本は200,000千円であり，当社は乙銀行に1.5％の固定金利を支払い，乙銀行からTIBORプラス0.5％の変動金利を受け取る。金利スワップ契約は，ヘッジ会計の適用要件を満たしており，原則的なヘッジ会計の方法によって会計処理する。金利スワップの利息は，毎年３月31日，９月30日に後払いするが，Ｘ６年３月31日の利息について，受払いの純額を仮受金で処理している。

③　Ｘ６年３月31日における金利スワップの時価は4,800千円であり，金利スワップから生じる一時差異に対して税効果会計を適用する。

④　TIBORは以下のとおりであり，変動金利は支払日から６ヵ月前の水準が適用される。

Ｘ５年９月30日：1.24％

Ｘ６年３月31日：1.59％

11　退職給付引当金に関する事項

当社は確定給付型の退職一時金制度と企業年金制度を採用しており，従業員の退職給付に備えるため，期末における退職給付債務から期末における年金資産の額を控除した金額をもって退職給付引当金を計上している。また，当社は従業員が300人未満であり合理的に数理計算上の見積りを行うことが困難であるため，退職一時金制度においては期末自己都合要支給額を退職給付債務とし，企業年金制度においては年金財政計算上の責任準備金を退職給付債務とする方法（簡便法）を採用している。

退職給付に係る当期の資料は次のとおりであった。退職給付費用に係る計算は未了であり，当期発生額の80％は製造従業員分，20％は本社等従業員分とする。

(1) 退職一時金制度に係る事項

① 前期末の自己都合要支給額は208,750千円であり，当期末の自己都合要支給額は253,080千円である。

② 当期における退職金支給額は4,500千円であり，仮払金に計上されている。

(2) 企業年金制度に係る事項

① 前期末の責任準備金の額は175,640千円であり，当期末の責任準備金の額は206,460千円である。

② 前期末の年金資産は50,130千円であり，当期末の年金資産は110,780千円である。なお，年金資産の額は，前期末及び当期末ともに公正な評価額である。

③ 当期における退職年金への掛金拠出は59,000千円であり，仮払金に計上している。

(3) 決算整理前残高試算表の退職給付引当金残高は前期末残高である。

12 役員退職慰労引当金に関する事項

当社は規定に基づく期末要支給額を役員退職慰労引当金として計上しており，当期末の要支給額は121,000千円である。決算整理前残高試算表の役員退職慰労引当金128,300千円は前期末残高である。なお，当期において退任した役員に対して支払った退職慰労金27,400千円が販売費及び一般管理費に計上されている。役員退職慰労引当金繰入額は，すべて販売費及び一般管理費とする。

13 ストック・オプションに関する事項

(1) X４年６月の株主総会において，従業員50人に対して，以下の条件のストック・オプションを付与することを決議し，同年７月１日に付与した。決算整理前残高試算表の新株予約権は，当該ストック・オプションに係る前期末残高である。当期のストック・オプションに係る計算は未了であり，株式報酬費用の当期発生額の80％は製造従業員分，20％は本社等従業員分とする。

① ストック・オプション数：１人当たり２個（合計100個）

② ストック・オプションの一部行使はできないものとする。

③ 権利行使により与えられる株式の数：１個権利行使につき２株（合計200株）

④ 行使時の払込金額：１株当たり150千円

⑤ 権利確定日：X６年６月30日

⑥ 権利行使期間：X６年７月１日～X８年６月30日

⑦ 付与されたストック・オプションは，他社に譲渡できない。

⑧ 付与日におけるストック・オプションの公正な評価単価は，200千円/個である。

⑨ 付与日において，失効見積数を十分な信頼性をもって把握できないことから見積っていない。

⑩ 付与日から権利確定日まで在籍している者が，ストック・オプションを行使することができる。

学者×実務家問題

⑵　ストック・オプションを付与された者の退職・失効の状況

① X４年７月１日～X５年３月31日：５人が退職した。

② X５年４月１日～X６年３月31日：２人が退職した。

⑶　条件変更

① 当社の株式は全体的な株式相場の下落の影響を受け，ストック・オプションの付与日からX５年３月31日までの株価は，一度も150千円を上回らないだけでなく，その間の当社の平均株価は85千円であり，インセンティブ効果が大幅に失われたと考えられた。そこで，ストック・オプションの価値を復活させ従業員のインセンティブを高めるために，X５年６月の株主総会において行使時の払込金額を１株当たり90千円に行使条件の一部変更を行った。

② 条件変更の効力発生日はX５年７月１日である。

③ 条件変更日におけるストック・オプションの公正な評価単価は250千円/個である。

14　諸税金に関する事項

⑴　更生による法人税の追徴納付税額4,750千円が仮払金に計上されている。これは，過去の誤謬に起因するものではなく，会計上の見積りの変更を原因とするものである。

⑵　決算整理前残高試算表の法人税等には，法人税71,040千円，住民税14,810千円，事業税17,710千円の中間納付額並びに源泉徴収された所得税及び住民税の合計5,400千円が計上されている。

⑶　当期の確定年税額（中間納付税額及び源泉徴収税額控除前）は法人税187,670千円，住民税39,110千円及び事業税63,010千円（付加価値割及び資本割により算定された税額3,010千円を含む）である。付加価値割及び資本割により算定された税額で，製造原価に計上するものはない。

⑷　消費税等の中間納付税額61,550千円が仮払金に計上されている。消費税等については，確定納付税額92,300千円を未払消費税等に計上し，仮払消費税等と仮受消費税等の相殺残高との差額があれば，販売費及び一般管理費（租税公課）又は雑収入で処理するものとする。

15　税効果会計に関する事項

⑴　決算整理前残高試算表の繰延税金資産は，前期末残高である。

⑵　当期末の将来減算一時差異残高は1,096,700千円，将来加算一時差異残高は23,900千円，永久差異残高は27,000千円である。ただし，この金額には，「４　投資有価証券に関する事項」及び「10　借入金に関する事項」から生じる一時差異は含まれていない。

税理士試験＜財務諸表論＞

解答・解説編

解答・解説についての注意事項

◆解答中の黒マル数字は配点を表しています。

◆☆マークは，取るべき解答の目安を示しています。

◆問題は100点満点です。

◆「出題者の意図」で出題のねらいを確認し，これからの対策ポイントを押さえましょう。

出題者	
第１回	かえるの簿記論・財務諸表論
第２回	東京CPA会計学院
第３回	瑞穂会
第４回	学者×実務家のコラボ模試

第 1 回
かえるの簿記論・財務諸表論 出題者の意図

〔第 一 問〕

棚卸資産について，伝統的会計理論と「棚卸資産の評価に関する会計基準」の複合的な問題は未だ出題されたことがないことから棚卸資産を予想してみました。

棚卸資産は，流動項目であるが故，論点が有形固定資産ほど広がりを見せないので出題実績は少ないのですが，伝統的会計理論における棚卸資産と「棚卸資産の評価に関する会計基準」における棚卸資産を複合的に問うような場合は，充分に論点を広げることができます。

そこで，みなさんには，伝統的会計理論における棚卸資産と「棚卸資産の評価に関する会計基準」における棚卸資産の論点を別論点とはせず，新旧の比較をしながらしっかり整理（低価基準や有効原価説なども含めて）しておいてもらいたいと思っています。

〔第 二 問〕

2023年の『今年の漢字』として「税」が選ばれました。このことからもわかるように2023年ほど税に関心が寄せられた年はなかったと思います。これだけ「税」について関心が高まってきているわけですし，そろそろ税効果会計が真正面から問われることになってもおかしくないと思いました。

「税効果会計に係る会計基準」は，1998年に公表された比較的古めの会計基準でもあり，また，基準そのものの量はそれほど多いものではないため，総論との関連も込みで問われる可能性があります。よって，収益費用アプローチ，資産負債アプローチなども改めて確認するとともに「税効果会計に係る会計基準」に限らず，その他の新しい会計基準についても総論との関連はしっかりと復習しておくようにしてください。

※2022年10月に公表された企業会計基準第27号「法人税，住民税及び事業税等に関する会計基準」もあわせて軽く確認しておくとよいかと思います。

〔第 三 問〕

出題サイクル的には，製造業会計がド本命になってくると思います（ただし，そこまでわかりやすい出題サイクルに沿った作問をされるかどうかは…）。

製造業は，商業以上に捨て論点の見極めが大切になってきます。なお，ここでいう捨て論点とは，①自分の力では正解にたどり着けない論点，だけではなく，②正解にたどり着けるけれども時間がかかる論点，も含みます。

あくまでも一般論ですが，財務諸表論の場合，第3問に割ける時間は80分前後だと思います（ここからは80分を前提に話を進めます。）。80分で50点中30点（6割）以上を目指すわけですから，1点を取るのに3分以上かけてはダメということになります。製造部門で言えば，材料費はなんとかなるかもしれませんが，労務費や製造経費に関しては仮に正解を出せるとしても，あまりにも時間がかかりすぎるでしょう（明細表示が求められていない場合）。このように普段の自宅学習の段階から，費用対効果とでも言いましょうか，上記②のような自分が1点を取るのに時間がかかりすぎる論点をピックアップしておく作業も有用だと思います。

（参考）一般的に「費用対効果」が悪いとされる論点の一例

- 労務費，製造経費（明細表示が求められていない場合。期末仕掛品，製品はもちろんです。）
- 販売費及び一般管理費（明細表示が求められていない場合。明細表示が求められている場合でも，減価償却費（退職給付の資料がややこしい場合の退職給付費用は費用対効果が悪くなります。）
- 法人税等調整額，繰延税金資産or繰延税金負債（税効果会計が絡んだ場合で，1つでもややこしい資料があった場合。ただし，税効果に関する注記が解答要求事項となっていれば別。）

合格ライン

〔第一問〕**16点**前後　〔第二問〕**14点**前後　〔第三問〕**30点**前後

解　答

〔第 一 問〕 －25点－

問1 (1) 数量計算 ❷ × 1カ所 ＋ ❶ × 1カ所 ＋印象点❶＝❹

継続記録法である。
ここに継続記録法とは，棚卸資産の受入れ及び払出しの都度，商品有高帳などの帳簿に記録を行って，棚卸資産の払出数量を直接的に計算する方法である。

金額計算 ❷ × 1カ所 ＋ ❶ × 1カ所 ＋印象点❶＝❹

個別法である。
ここに個別法とは，取得原価の異なる棚卸資産ごとに区別して記録し，その個々の実際原価によって期末棚卸資産の価額を算定する方法である。

(2)

低価法　❶

問2 (1)

①	取得原価	❶
②	正味売却価額	❶
③	当期の費用	❶

(2) ❷ × 2カ所 ＋ ❶ × 1カ所 ＋印象点❶＝❻

棚卸資産は，通常，販売によってのみ資金の回収を図る点に特徴があるが，このような投資の回収形態の特徴を踏まえると，評価時点における資金回収額を示す棚卸資産の正味売却価額が，その帳簿価額を下回っているときには，収益性が低下していると考え，帳簿価額の切下げを行うことが適当であるからである。

問3 (1)

引当金で処理すべきと考える。　❷

(2) ❷ × 1カ所 ＋ ❶ × 2カ所 ＋印象点❶＝❺

収益性が低下した場合における簿価切下げは，取得原価基準の下で回収可能性を反映させるよう過大な帳簿価額を減額する会計処理であり，将来に損失を繰り延べないために行われる。

〔第 二 問〕 －25点－

問1

①	キ ❶	②	ク ❶	③	エ ❶	④	カ ❶	⑤	サ ❶

問2 ❷× 1カ所 ＋❶× 2カ所 ＝❹

永久差異とは，税引前当期純利益の計算において，費用または収益として計上されるが，課税所得の計算上は，永久に損金または益金に算入されない項目をいう。

問 3

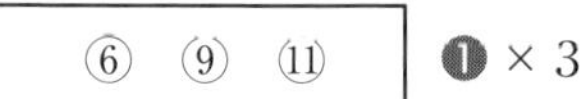

⑥　⑨　⑪

❶×3

問4 ❷× 2カ所 ＋印象点❷＝❻

会計上は，収益獲得のための犠牲となっていれば，費用収益対応の原則により，罰金の性格があっても費用として処理されるが，税務上，損金として扱うとその分，税金が減ってしまい，罰の意味合いがなくなるので，永久に損金として扱うことはない。

問5 ❷× 3カ所 ＋印象点❶＝❼

新株予約権は，権利行使の有無が確定するまでの間は，その性格が確定しないことから，貸借対照表に計上されている負債に該当しないのみならず，税効果会計の適用において，課税所得計算上の負債にも該当しないと考えられるからである。

〔第三問〕 －50点－

貸借対照表
令和6年3月31日

(単位：千円)

科目	金額	科目	金額
資産の部		負債の部	
Ⅰ 流動資産	(679,526)	Ⅰ 流動負債	(382,559)
現金及び預金	161,400 ❷	支払手形	39,645
受取手形	104,200	買掛金	187,562
売掛金	240,000	短期借入金	38,760
有価証券	1,320	未払金	72,057
製品	77,700	リース債務	12,444
材料	16,800	未払法人税等	15,867 ❷
仕掛品	73,830	未払消費税等	16,114
短期貸付金	2,000	保証債務	110
短期有価証券売却受取手形	800 ❷	Ⅱ 固定負債	(262,514)
前払費用	8,400 ❷	退職給付引当金	218,960 ❷
貸倒引当金	△6,924 ❷	長期リース債務	43,554 ❷
Ⅱ 固定資産	(1,070,663)	負債の部合計	645,073
1 有形固定資産	(475,309)	純資産の部	
建物	194,010	Ⅰ 株主資本	(1,105,132)
機械装置	68,537	資本金	122,600 ❷
車両運搬具	63,222 ❷	資本剰余金	(15,900)
器具備品	9,540	資本準備金	15,125
土地	140,000	その他資本剰余金	775
2 無形固定資産	(470,750)	利益剰余金	(973,312)
のれん	465,000	利益準備金	12,375
特許権	5,750 ❷	その他利益剰余金	(960,937)
3 投資その他の資産	(124,604)	別途積立金	35,700
投資有価証券	10,870 ❷	繰越利益剰余金	925,237
関係会社株式	2,500	自己株式	△6,680 ❷
長期貸付金	20,000	Ⅱ 評価・換算差額等	(104)
長期前払費用	13,300	その他有価証券評価差額金	104 ❷
貸倒引当金	△1,635	Ⅲ 新株予約権	840
繰延税金資産	79,569		
Ⅲ 繰延資産	(960)		
株式交付費	960	純資産の部合計	1,106,076
資産の部合計	1,751,149	負債及び純資産の部合計	1,751,149

損益計算書

自 令和5年4月1日　至 令和6年3月31日　（単位：千円）

摘要	金額	
Ⅰ 売上高		915,000
Ⅱ 売上原価		517,611
売上総利益		397,389
Ⅲ 販売費及び一般管理費		324,883 ❷
営業利益		72,506
Ⅳ 営業外収益		
受取利息	146	
有価証券利息	110 ❷	
受取配当金	1,208	
仕入割引	150 ❷	
雑収入	86	1,700
Ⅴ 営業外費用		
支払利息	1,138	
貸倒損失	1,350	
手形売却損	210	
貸倒引当金繰入額	1,675	
有価証券評価損	40 ❷	
株式交付費償却	1,920 ❷	
雑損失	214	6,547
経常利益		67,659
Ⅵ 特別利益		
投資有価証券売却益	250 ❷	250
Ⅶ 特別損失		
投資有価証券評価損	2,560	2,560
税引前当期純利益		65,349
法人税，住民税及び事業税	29,725	
法人税等調整額	5,343	35,068
当期純利益		30,281

設問1 (2)

製造原価報告書

自 令和5年4月1日　至 令和6年3月31日

(単位：千円)

摘　　要	金　　額	
Ⅰ 材　　料　　費		122,115 ❷
Ⅱ 労　　務　　費		186,113 ❷
Ⅲ 製　造　経　費		190,163 ❷
当期総製造費用		498,391
期首仕掛品棚卸高		102,000
合　　計		600,391
研究開発費振替高		20,550
期末仕掛品棚卸高		73,830
当期製品製造原価		506,011

設問2

1株当たり当期純利益	467円42銭 ❸
1株当たり純資産額	4,098円06銭 ❸

解　説

〔第 一 問〕

問1

⑴　まず，最も正しく期間損益計算ができる「数量計算」方法ですが，おおまかにいうと，継続記録法であっても棚卸計算法であっても，結果的に費用の金額（売上原価＋商品減耗損）は変わらないので，どちらでもよいのですが，問題文の趣旨からすれば，継続記録法になると思います。

次に「金額計算」方法ですが，後入先出法は損益計算上の利点（長所）を持っていますが，問題文で問われているのが，最も正しく，なので，個別法と判断してください。

⑵　「方法」が問われていますので，低価基準ではなく低価法と解答しましょう。

問2

⑴　「棚卸資産の評価に関する会計基準」

> 通常の販売目的で保有する棚卸資産の評価基準
>
> 7.　通常の販売目的（販売するための製造目的を含む。）で保有する棚卸資産は，**取得原価**をもって貸借対照表価額とし，期末における**正味売却価額**が，**取得原価**よりも下落している場合には，当該**正味売却価額**をもって貸借対照表価額とする。この場合において，**取得原価**と当該**正味売却価額**との差額は**当期の費用**として処理する。

⑵　「棚卸資産の評価に関する会計基準」

> 37.　それぞれの資産の会計処理は，基本的に，投資の性質に対応して定められていると考えられることから，収益性の低下の有無についても，投資が回収される形態に応じて判断することが考えられる。棚卸資産の場合には，固定資産のように使用を通じて，また，債権のように契約を通じて投下資金の回収を図ることは想定されておらず，通常，販売によってのみ資金の回収を図る点に特徴がある。このような投資の回収形態の特徴を踏まえると，評価時点における資金回収額を示す棚卸資産の正味売却価額が，その帳簿価額を下回っているときには，収益性が低下していると考え，帳簿価額の切下げを行うことが適当である。

問3

(1) 「棚卸資産の評価に関する会計基準」

(正味売却価額がマイナスの場合)

44. 見積追加製造原価及び見積販売直接経費が売価を超えるときには，正味売却価額はマイナスとなるが，その場合には，棚卸資産の帳簿価額をゼロまで切り下げたとしても，当該マイナス部分については，反映できない。

例えば，売価100，見積追加製造原価及び見積販売直接経費120，仕掛品の帳簿価額30の場合，正味売却価額はマイナス20であり，簿価切下額は50となる。収益性の低下により仕掛品の帳簿価額30をゼロまで切り下げたとしても，残る20の損失は認識されない。このように，切り下げるべき棚卸資産の帳簿価額が存在しない場合でも，マイナスの正味売却価額を反映させるため引当金による損失計上が行われることがある。

(2) 「棚卸資産の評価に関する会計基準」

(棚卸資産の簿価切下げの考え方)

36. これまでの低価法を原価法に対する例外と位置付ける考え方は，取得原価基準の本質を，名目上の取得原価で据え置くことにあるという理解に基づいたものと思われる。しかし，取得原価基準は，将来の収益を生み出すという意味においての有用な原価，すなわち回収可能な原価だけを繰り越そうとする考え方であるとみることもできる。また，今日では，例えば，金融商品会計基準や減損会計基準において，収益性が低下した場合には，回収可能な額まで帳簿価額を切り下げる会計処理が広く行われている。

そのため，棚卸資産についても収益性の低下により投資額の回収が見込めなくなった場合には，品質低下や陳腐化が生じた場合に限らず，帳簿価額を切り下げることが考えられる。収益性が低下した場合における簿価切下げは，取得原価基準の下で回収可能性を反映させるように，過大な帳簿価額を減額し，将来に損失を繰り延べないために行われる会計処理である。棚卸資産の収益性が当初の予想よりも低下した場合において，回収可能な額まで帳簿価額を切り下げることにより，財務諸表利用者に的確な情報を提供することができるものと考えられる。

〔第 二 問〕

問 1 「税効果会計に係る会計基準の適用指針」

税効果会計の方法

88. 税効果会計基準では，税効果会計の方法として **①資産負債法** によることとされ，会計上の資産又は負債の額と課税所得計算上の資産又は負債の額に差異が生じている場合において，**②法人税** 等の額を適切に期間配分することが定められている。

89. 税効果会計の方法には，**①資産負債法** のほかに **③繰延法** がある。

(1) **①資産負債法**

①資産負債法 とは，会計上の資産又は負債の額と課税所得計算上の資産又は負債の額との間に差異が生じており，当該差異が解消する時にその期の課税所得を減額又は増額する効果を有する場合に，当該差異（**④一時差異**）が生じた年度にそれに係る繰延税金資産又は繰延税金負債を計上する方法である。

したがって，**①資産負債法** により計上する繰延税金資産又は繰延税金負債の計算に用いる税率は，**④一時差異** の解消見込年度に適用される税率である。

(2) **③繰延法**

③繰延法 とは，会計上の収益又は費用の額と税務上の益金又は損金の額との間に差異が生じており，当該差異のうち損益の期間帰属の相違に基づくもの（**⑤期間差異**）について，当該差異が生じた年度に当該差異による税金の納付額又は軽減額を当該差異が解消する年度まで，繰延税金資産又は繰延税金負債として計上する方法である。

したがって，**③繰延法** により計上する繰延税金資産又は繰延税金負債の計算に用いる税率は，**⑤期間差異** が生じた年度の課税所得計算に適用された税率である。

90. **①資産負債法** における **④一時差異** と繰延法における **⑤期間差異** の範囲はほぼ一致するが，有価証券等の資産又は負債の評価替えにより直接純資産の部に計上された評価差額は，**④一時差異** ではあるが **⑤期間差異** ではない。なお，**⑤期間差異** に該当する項目は，すべて **④一時差異** に含まれる。

問 2 永久差異について論じるときのポイントは，（税効果会計の対象とならないのですから）①**永久に**差異は解消しない，②会計上の**費用・収益**と税務上の**損金・益金**に関する差異，の２点を指摘するようにしてください。

問 3 会計科目受験生として知っておいてほしい永久差異は，1. 受取配当等，2. 交際費，3. 寄附金，4. 罰科金の４つです。

問 4 会計上は，仮に違法性があるもの（罰科金）であっても収益獲得に貢献しているのであれば，その経済上の価値の減少は費用として扱われます（費用収益対応の原則）。

しかし，税法では，罰科金を損金として扱ってしまうと，その分だけ所得が減り，結果的に納税額が減ってしまいます。それでは罰の意味がなくなるので，税務上，罰科金は永久に損金として扱われることはありません。

問5　「税効果会計に係る会計基準の適用指針」

> 82. 新株予約権については，一時差異等には該当しないものとして取り扱う。この取扱いは，企業会計基準適用指針第8号「貸借対照表の純資産の部の表示に関する会計基準等の適用指針」（以下「純資産の部適用指針」という。）において，「新株予約権は，失効時に課税所得を増額する効果をもつ課税所得計算上の負債に該当するため，税効果会計の対象になるという考え方もあるが，権利行使の有無が確定するまでの間は，その性格が確定しないことから，貸借対照表に計上されている負債に該当しないのみならず，税効果会計の適用において，課税所得計算上の負債にも該当しないと考えられる。このため，本適用指針では，新株予約権については，税効果会計の対象としないものとしている。」と整理されていたものである。

〔第 三 問〕

設問1 (1) (2)

1 金銭債権

i 受取手形

(借)	短期有価証券売却受取手形 (流動資産)	800	(貸)	受取手形	800

ii A社

• 貸倒懸念債権から一般債権に戻りますが，科目の振替等，処理は発生しません。

iii 手形の割引

(借)	現金及び預金 (流動資産)	4,900	(貸)	受取手形	5,000
	手形売却損 (営業外費用)	100			
(借)	手形売却損 (営業外費用)	110	(貸)	保証債務 (流動負債)	110

iv 前澤氏に対する貸付金

(借)	短期貸付金 (流動資産)	2,000	(貸)	貸付金	2,000

短期貸付金

取締役前澤氏に対する貸付金の返済期限が明示されていませんので，「短期貸付金」として処理します。

v E社に対する貸付金

(借)	長期貸付金 (投資その他の資産)	20,000	(貸)	貸付金	20,000

• 貸倒懸念債権となりますが，表示科目は「長期貸付金」のままとなります。

2 貸倒引当金

i 一般債権

(借)	販売費及び一般管理費	6,034	(貸)	貸倒引当金 (流動資産)	6,074
	貸倒引当金繰入額 (営業外費用)	40			

• 販売費及び一般管理費（貸倒引当金繰入額）

受取手形 (残高試算表 110,000 − 有価証券売却 800 − 手形割引 5,000) × 2 % = 2,084千円

売掛金 残高試算表 240,000 × 2 % = 4,800千円

2,084 + 4,800 − 貸倒引当金残高 850 = 6,034千円

- 貸倒引当金繰入額（営業外費用）

  短期貸付金　2,000×２％＝40千円

  ※「短期有価証券売却受取手形」は営業債権ではないので，貸倒引当金の設定対象債権とはなりません。

ii　貸倒懸念債権

(借) 貸倒引当金繰入額 （営業外費用）	1,635	(貸) 貸倒引当金 （投資その他の資産）	1,635

- 貸倒引当金繰入額

  第１回利払日　20,000×２％（＝400）×0.9524＝380.96千円

  第２回利払日　400×0.9070＝362.8千円

  第３回利払日＋元本返済日（20,000＋400）×0.8638＝17,621.52千円

  380.96＋362.8＋17,621.52＝18,365千円（千円未満端数切捨）

  20,000－18,365＝1,635千円

  ※　現価係数は当初の約定利子率のものを使います。

3　有価証券

i　D社株式　振戻処理

(借) 繰延税金負債	95	(貸) 投資有価証券	250
その他有価証券評価差額金 （純資産の部）	155		

- 投資有価証券

  6,500－6,250＝250千円

- 繰延税金負債

  250×38％＝95千円

  ※　前期の法定実効税率は38％です。

- その他有価証券評価差額金

  250－95＝155千円

ii　D社株式　売却

(借) 雑収入	3,000	(貸) 投資有価証券	2,750
		投資有価証券売却益 （特別利益）	250

- 投資有価証券

  $6{,}250 \times \frac{2{,}200株}{5{,}000株} = 2{,}750$千円

- 当社が行った処理

(借) 受取手形	3,000	(貸) 雑収入	3,000

(借) 現金及び預金	2,200	(貸) 受取手形	2,200

• 正しい処理

(借)	短期有価証券売却受取手形	3,000	(貸)	投資有価証券	2,750
				投資有価証券売却益	250

(借)	現金及び預金	2,200	(貸)	短期有価証券売却受取手形	2,200

• 上記1で行った修正仕訳

(借)	短期有価証券売却受取手形	800	(貸)	受取手形	800

iii　D社株式　時価評価

(借)	投資有価証券 (投資その他の資産)	100	(貸)	繰延税金負債 (固定負債)	35
				その他有価証券評価差額金 (純資産の部)	65

• D社株式当期末簿価

前期末簿価6,250－期中売却2,750＝3,500千円

• 評価差額

時価3,600－簿価3,500＝100千円

• 繰延税金負債

100×35％＝35千円

• その他有価証券評価差額金

100－35＝65千円

iv　F社株式　振戻処理

(借)	繰延税金負債	38	(貸)	投資有価証券	100
	その他有価証券評価差額金 (純資産の部)	62			

• 投資有価証券

1,600－1,500＝100千円

• 繰延税金負債

100×38％＝38千円

• その他有価証券評価差額金

100－38＝62千円

v　F社株式

(借)	関係会社株式 (投資その他の資産)	2,500	(貸)	投資有価証券	2,500

ⅵ　G社株式　振戻処理

(借)	投資有価証券 (投資その他の資産)	2,250	(貸) 繰延税金資産	855
			その他有価証券評価差額金 (純資産の部)	1,395

- 投資有価証券
  5,010－2,760＝2,250千円
- 繰延税金資産
  2,250×38％＝855千円
- その他有価証券評価差額金
  2,250－855＝1,395千円

ⅶ　G社株式　時価評価

(借)	投資有価証券評価損 (特別損失)	2,560	(貸) 投資有価証券	2,560

- 著しい下落の判定
  5,010×50％＝2,505千円 ＞ 2,450千円　　∴ 著しい下落あり
- 投資有価証券評価損
  5,010－2,450＝2,560千円

ⅷ　H社株式

(借)	有価証券 (流動資産)	1,360	(貸) 投資有価証券	1,360
(借)	有価証券評価損 (営業外費用)	40	(貸) 有価証券	40

- 受取配当金
  売買目的有価証券として保有する株式の配当は，その他資本剰余金からの配当であっても「受取配当金」で処理されます。
- 有価証券評価損
  1,360－1,320＝40千円

ⅸ　I社社債　利息

(借)	有価証券利息	50	(貸) 仮払金	50
(借)	仮受金	100	(貸) 有価証券利息 (営業外収益)	100

- 仮受金
  5,000×２％＝100千円

x　I社社債　償却原価法及び時価評価

（借）投資有価証券 （投資その他の資産）	60	（貸）有価証券利息 （営業外収益）	60
（借）投資有価証券 （投資その他の資産）	60	（貸）繰延税金負債 （固定負債）	21
		その他有価証券評価差額金 （純資産の部）	39

・有価証券利息

$$(5{,}000 - 4{,}700) \times \frac{6\text{ヵ月}}{30\text{ヵ月}} = 60\text{千円}$$

・評価差額

時価4,820－簿価（4,700＋償却原価法60）＝60千円

・繰延税金負債

60×35％＝21千円

・その他有価証券評価差額金

60－21＝39千円

xi　自己株式

（借）自己株式 （純資産の部）	10,020	（貸）投資有価証券	10,020
（借）仮受金	3,380	（貸）自己株式 （純資産の部）	3,340
		その他資本剰余金 （純資産の部）	40

・自己株式

$$10{,}020 \times \frac{1}{3} = 3{,}340\text{千円}$$

4　棚卸資産

i　製品

（借）売上原価	89,600	（貸）製品	89,600
（借）販売費及び一般管理費	300	（貸）売上原価	300
（借）売上原価	100	（貸）売上原価	77,800
製品 （流動資産）	77,700		

・売上原価（期末製品棚卸高）

実地77,700＋減耗100＝77,800千円

ⅱ　仕掛品

(借)	期首仕掛品棚卸高	102,000	(貸) 仕掛品	102,000
(借)	販売費及び一般管理費	20,550	(貸) 研究開発費振替高 (製造原価報告書)	20,550
(借)	仕掛品 (流動資産)	73,830	(貸) 期末仕掛品棚卸高	73,830

ⅲ　材料

(借)	材料費	18,700	(貸) 材料	18,700
(借)	材料費	120,530	(貸) 仕入割引 (営業外収益)	150
	製造経費 (C/R製造経費)	315	材料仕入	120,380
	材料 (流動資産)	16,800	材料費	17,115

- 仕入単価

  (18,700＋120,530)÷(8,500kg＋57,800kg)＝2,100円

- P/L期末材料

  2,100円×8,150kg＝17,115千円

- 製造経費（材料減耗損）

  (8,150kg－8,000kg)×2,100円＝315千円

- B/S材料

  17,115－315＝16,800千円

5　有形固定資産

ⅰ　建設仮勘定　工場用建物

(借)	建物 (有形固定資産)	64,800	(貸) 建設仮勘定	64,800
(借)	製造経費 (C/R製造経費)	270	(貸) 減価償却累計額 (有形固定資産)	270

- 製造経費（減価償却費）

  $64,800 \times 0.050 \times \frac{1ヵ月}{12ヵ月} = 270$千円

ⅱ　研究開発用資産　1台目

(借)	機械装置 (有形固定資産)	3,000	(貸)	建設仮勘定	3,000
(借)	販売費及び一般管理費	143	(貸)	減価償却累計額 (有形固定資産)	143

- 研究開発専用資産ではないので「機械装置」として資産計上した上で，減価償却計算を行います。
- 販売費及び一般管理費（減価償却費）

$$3{,}000 \times 0.286 \times \frac{2\text{ヵ月}}{12\text{ヵ月}} = 143\text{千円}$$

ⅲ　研究開発用資産　2台目

(借)	研究開発費 (販売費及び一般管理費)	27,000	(貸)	建設仮勘定	27,000

- 研究開発専用資産なので「研究開発費」として処理します。

ⅳ　交換

同一種類及び同一用途の資産同士の交換なので，交換により取得した資産の価額が「交換に供された自己資産の簿価」となります。よって，仕訳は不要です。あえて，仕訳を示せば，下記のようになります。

(借)	土地（Ｔ２）	10,000	(貸)	土地（Ｔ１）	10,000

ⅴ　リース資産

(借)	車両運搬具 (有形固定資産)	62,220	(貸)	仮払金	6,600
	支払利息 (営業外費用)	378		リース債務 (流動負債)	12,444
				長期リース債務 (固定負債)	43,554
(借)	販売費及び一般管理費	6,222	(貸)	減価償却累計額 (有形固定資産)	6,222

- 車両運搬具（リース資産）

  解答用紙に「リース資産」を記入する場所がないので「車両運搬具」に含めて処理します。
- リース資産の取得価額

  割引現在価値 62,220 ＜ 見積現金購入価額 63,500　∴ 62,220千円
- 支払利息

  （リース料総額 66,000－62,220）÷ 60ヵ月＝63千円（1ヵ月当たりの支払利息）

  63× 6ヵ月＝378千円
- リース債務

  1,100－63＝1,037千円（1ヵ月当たりのリース債務返済額）

・長期リース債務

62,220－当期分6,222（1,037×6ヵ月）－翌期分12,444（1,037×12ヵ月）＝43,554千円

・販売費及び一般管理費（減価償却費）

$$62{,}220 \times \frac{6ヵ月}{60ヵ月} = 6{,}222千円$$

6　仮払金

i　特許権使用料

(借)			(貸)		
	製造経費（C／R製造経費）	3,500		仮払金	25,200
	前払費用（流動資産）	8,400			
	長期前払費用（投資その他の資産）	13,300			

・製造経費

1ヵ月当たりの特許権使用料　25,200÷36ヵ月＝700千円

700×5ヵ月＝3,500千円

・前払費用

700×12ヵ月＝8,400千円

・長期前払費用

25,200－3,500－8,400＝13,300千円

ii　配当金

・下記11参照

7　無形固定資産

i　のれん

(借)			(貸)		
	販売費及び一般管理費	31,000		のれん	31,000

・販売費及び一般管理費（のれん償却）

$$496{,}000 \times \frac{12ヵ月}{未償却月数192ヵ月} = 31{,}000千円$$

ii　令和2年2月3日取得

(借)			(貸)		
	製造経費（C／R製造経費）	1,500		特許権	1,500

・製造経費（特許権償却）

$$7{,}250 \times \frac{12ヵ月}{未償却月数58ヵ月} = 1{,}500千円$$

ⅲ　令和５年11月15日取得

(借) 販売費及び一般管理費	6,450	(貸) 特許権	6,450

・研究開発専用資産なので「研究開発費」として処理します。

8　繰延資産

ⅰ　株式交付費

(借) 株式交付費償却 (営業外費用)	1,920	(貸) 株式交付費	1,920

・株式交付費償却

$$2{,}880 \times \frac{12ヵ月}{未償却月数18ヵ月} = 1{,}920千円$$

※　会社法に規定する最長期間が３年なので，２年で償却しても問題はありません。

9　退職給付引当金

ⅰ　一時金支給額及び年金掛金支出額

(借) 退職給付引当金	4,350	(貸) 販売費及び一般管理費	4,350

・退職給付引当金

3,200＋1,150＝4,350千円

ⅱ　退職給付費用

(借) 販売費及び一般管理費	4,599	(貸) 退職給付引当金	15,330
労務費 (Ｃ／Ｒ労務費)	10,731		

・退職給付費用

	金　額	計算過程
勤務費用	14,410千円	
利息費用	1,980千円	
期待運用収益	△ 1,560千円	前期末年金資産実績額 39,020×４％（千円未満端数切捨）
数理計算上の差異の費用処理額	500千円	期首未積立退職給付債務（249,000－39,020） －期首退職給付引当金 207,980＝2,000千円 2,000×0.250＝500千円
合計	15,330千円	

※　配分

営業部門　15,330×30％＝ 4,599千円

製造部門　15,330×70％＝10,731千円

10 ストック・オプション

i 株式報酬費用

(借) 販売費及び一般管理費	265	(貸) 新株予約権 (純資産の部)	265

• 新株予約権

(50名－2名)×15個×2－残高試算表 1,175＝265千円

ii 権利行使

(借) 仮受金	12,000	(貸) 資本金	12,600
新株予約権	600	(純資産の部)	

• 仮受金

300個×40＝12,000千円

• 新株予約権

300個×2＝600千円

• 資本金

過去本試験において「資本金計上額は会社法に規定する最高限度額とする」という指示が出されたことがありますので，気をつけておいてください。

11 剰余金の配当

(借) その他資本剰余金	5,000	(貸) 仮払金	20,000
繰越利益剰余金	15,000		
(借) その他資本剰余金	125	(貸) 資本準備金 (純資産の部)	125
(借) 繰越利益剰余金	375	(貸) 利益準備金 (純資産の部)	375

• 資本準備金・利益準備金

① $(5,000+15,000)\times\frac{1}{10}=2,000$千円

① 資本金 $110,000\times\frac{1}{4}-$(資本準備金 15,000＋利益準備金 12,000)＝500千円

①＞② ∴ 500千円

資本準備金 $500\times\frac{5,000}{5,000+15,000}=125$千円

利益準備金 $500\times\frac{15,000}{5,000+15,000}=375$千円

12　諸税金

ⅰ　法人税，住民税及び事業税

（借）	法人税，住民税及び事業税 （税引前当期純利益の次）	29,725	（貸）	法人税等	12,678
	販売費及び一般管理費	1,000		販売費及び一般管理費	2,180
				未払法人税等 （流動負債）	15,867

• 未払法人税等　年税額（25,187＋5,538）－中間（12,678＋1,900＋280）＝15,867千円

ⅱ　消費税

（借）	仮受消費税等	68,242	（貸）	仮払消費税等	52,042
				未払消費税等 （流動負債）	16,114
				雑収入 （営業外収益）	86

13　税効果会計

ⅰ　前期分

（借）	法人税等調整額 （法人税，住民税及び事業税の次）	84,968	（貸）	繰延税金資産	84,968

• 繰延税金資産　残高試算表 85,690＋D社株式 95＋F社株式 38－G社株式 855＝84,968千円

ⅱ　当期分

（借）	繰延税金資産 （投資その他の資産）	79,625	（貸）	法人税等調整額 （法人税，住民税及び事業税の次）	79,625

• 繰延税金資産　227,500×35％＝79,625千円

14　販売費及び一般管理費の内訳　（単位：千円）

貸倒引当金繰入額	6,034
見本品費	300
研究開発費	54,000
減価償却費	6,365
のれん償却	31,000
退職給付費用	4,599
株式報酬費用	265
租税公課	1,000
その他	221,320
合計	324,883

設問2

1　1株当たり当期純利益

(1)　期中平均株式数

$$85{,}000\text{株} + 5{,}000\text{株} \times \frac{6\text{ヵ月}}{12\text{ヵ月}} = 87{,}500\text{株}$$

(2)　期中平均自己株式数

$$2{,}100\text{株} \times \frac{11\text{ヵ月}}{12\text{ヵ月}} = 1{,}925\text{株}$$

87,500株 − 1,925株 = 85,575株

(3)　1株当たり当期純利益

$$\frac{40{,}000\text{千円}}{85{,}575\text{株}} = 467.426\cdots \rightarrow 467\text{円}42\text{銭}$$（円未満3位切捨）

2　1株当たり純資産額

(1)　期末発行済株式数

85,000株 + 5,000株 = 90,000株

(2)　期末自己株式数

2,100株

(1) − (2) = 87,900株

(3)　1株当たり純資産額

$$\frac{360{,}220\text{千円}}{87{,}900\text{株}} = 4{,}098.065\cdots \rightarrow 4{,}098\text{円}06\text{銭}$$（円未満3位切捨）

かえるの簿記論・財務諸表論講師からの応援メッセージ

私は何か大きな決断をするとき，鹿児島県の知覧にある「知覧特攻平和会館」に行きます。そこには，恋人と楽しい時間を過ごしたい，親孝行したい，大学で好きなことを研究したい，といった普通の青年が普通に思うことすらできなくなった，帰りの燃料を積むことさえ許されず敵機動部隊に特攻していった学生たちの遺書が展示されています。

今の私たちは基本的に命の危険にさらされず，自分のやりたいことがある程度やれる時代を過ごしています。これは当たり前なんでしょうか。普通の夢を抱くことさえ許されなかった時代があったこと，でも，あなたは税理士になる，という夢を目指せていること，この意味をここで再確認してあなたの夢を叶えてください。応援しています。

PROFILE

諸角 崇順（もろずみ・たかのぶ）

大学3年生の9月から税理士試験の学習を始め，23歳で大手資格学校にて財務諸表論の講師として教壇に立つ。その後，法人税法の講師も兼任。大手資格学校に17年間勤めた後，独立し，質問・採点・添削も平均4時間以内の対応を心がける資格学校「かえるの簿記論・財務諸表論」を運営している。

第 2 回
東京CPA会計学院
出題者の意図

〔第 一 問〕

理論に関しては，近年，ほとんど出題されていない棚卸資産会計とストック・オプション会計，近年出題傾向が高い「討議資料 財務会計の概念フレームワーク」を中心に問題を作成しました。

第一問は，事業投資の特徴から金融投資への流れで「棚卸資産の評価に関する会計基準」と「金融商品に関する会計基準」を，さらには支配の移転つながりで「収益認識に関する会計基準」まで出題しました。

ここでは，後入先出法の特徴を「損益計算と評価」の観点から問う問題とトレーディング目的で保有する棚卸資産についての表示方法と定義を問う問題は，基本問題であるためできる限り正解に近い解答が求められます。また，金融商品と収益認識の「支配の移転」の穴埋めの用語等の一部は，過去にも出題されていますので正確に解答できることが望ましいです。

〔第 二 問〕・〔第 三 問〕

第二問は，「討議資料 財務会計の概念フレームワーク」の質的特性と「ストック・オプション等に関する会計基準」から作成していますが，関係のないように見える各問を問 2 の最後の問題で，双方の考え方を結び付ける問題にしました。これは，各会計基準等を「断片的な縦の学習」のみならず，「横断的な横の学習」をしてほしいという想いから作成しています。

ここでは，過去にしっかり出題されたことがない質的特性の基本問題を作成しました。そのため，質的特性についての空欄補充問題（選択と記述ともに）と比較可能性の目的とそれを達成するための手段は，正確に解答することが求められます。特に比較可能性は，他の各会計基準にも幅広く展開される特性であるため，今後の学習も見据えてしっかりとした理解を心がけましょう。

次にストック・オプション会計は，記述量は少ないものの過去に出題されています。空欄補充問題と費用認識の根拠は，基本問題であるためできる限り正解に近い解答が求められます。特に費用認識の根拠は，「サービスの消費」をしっかり記述することが必要です。

計算に関しては，ここ数年，会社法及び会社計算規則に準拠した財務諸表の作成及び個別注記表の一部抜粋を問う問題を出題する傾向が高いため，当該問いを基礎に問題を作成しました。財務諸表の作成は，標準的な問題を中心に幅広く出題しました。これは，問題の量に圧倒されず，迅速かつ正確に解答まで導く力を問うています。

また，個別注記表は，会計方針及び会計方針の変更に関する注記及び関係会社に関する注記等を出題しました。会計方針の変更に関しては「収益認識に関する会計基準」に係る部分を出題しています。過去の理論の問題では，当該基準を中心とした問題が出題されているのに対して，計算はいまだ出題されていません。そのため，実務でもすでに適用され，財務諸表にも反映されていることから出題される可能性が高いと考えられます。

合格ライン

〔第一問〕 15点 程度
〔第二問〕 13点 程度
〔第三問〕 36点 程度

解　答

〔第 一 問〕 －25点－

問1

(1)

①	棚卸資産の購入から販売までの保有期間における市況の変動により生じる保有損益を期間損益から排除することによって，より適切な期間損益計算が可能となる。 ❷☆
②	過去に購入した時点からの価格変動を反映しない金額で繰り越され続けるため，貸借対照表価額が最近の再調達原価の水準と大幅に乖離してしまう可能性があるという問題点がある。 ❸☆

(2)

A	純額 ❶☆	B	売上高 ❶☆

(3)

当初から加工や販売の努力を行うことなく単に市場価格の変動により利益を得ることを目的としている棚卸資産である。 ❷☆

(4)

保有目的区分を変更した場合，売買目的有価証券の保有区分の変更と同様に，トレーディング目的で保有する棚卸資産についての投資は清算したと考え，15の損益を認識する。と同時に通常の販売目的の棚卸資産の取得原価は，新規に投資したと考え135とする。 ❸

問2

(1)

C	行使 ❶☆	D	喪失 ❶	E	移転 ❶☆

(2)

(a)	財務構成要素アプローチ ❷☆
(b)	当該方法は，取引の実質的な経済効果を譲渡人の財務諸表に反映できる長所がある。 ❷

問3

(1)

ウ ❶☆

(2)

F	リスク ❶☆

(3)

支配の移転は，財やサービスを提供する企業，あるいはそれを受領する顧客のいずれの観点からも判定ができ，企業が支配を喪失した時には，顧客は支配を獲得することになる。このように通常，両者のタイミングは一致するが，企業が顧客への財又はサービスの移転と一致しない活動に基づき収益を認識しないように顧客の視点を導入していると考えられる。 ❹

〔第 二 問〕 －25点－

問1

(1)

オ ❶☆

(2)

C	内的整合性 ❶☆

(3)

(a)	ア ❷
(b)	同様の事実には同一の会計処理が適用され，異なる事実には異なる会計処理が適用されることにより，会計情報の利用者が，時系列比較や企業間比較にあたって，事実の同質性と異質性を峻別できるようにしなければならない。 ❹☆

問2

(1)

E	サービス ❶☆	F	新株予約権 ❶☆

(2)

ストック・オプション取引で従業員から提供されたサービスは，性質上，貯蔵性がなく取得と同時に消費がされるが，財貨を消費した場合と本質的には同じである。よって，従業員等に対価としてストック・オプションを付与した場合，これと引換えに企業に追加的にサービスが提供され，企業に帰属することとなったサービスを消費したことに費用認識の根拠がある。 ❹☆

(3)

イ ❶☆

(4)

双方の共通点は，権利行使者が利益を享受する反面，既存株主は持分の希薄化が生じ，新旧株主間で富の移転が生じることである。一方，双方は反対給付の有無で異なる。前者は，発行価額の払込み以外に，対価関係にある給付の受入れを伴わない取引に対して，後者は，オプションを付与された側に生じる利益をサービスの対価として付与している。 ❺

(5)

ストック・オプション取引では，企業が一定の条件を充たすサービスの提供を期待して従業員等にストック・オプションを付与している。権利が確定したストック・オプションが失効した場合，結果として会社は株式を時価未満で引き渡す義務を免れ，無償で提供されたサービスがすでに消費されている以上，その期待が事実として確定することになり，当該失効部分を利益として計上する。 ❺

〔第三問〕 －50点－

問1

	貸借対照表 東京商事株式会社　X6年3月31日現在			（単位：千円）	
	資産の部		負債の部		
	勘定科目	金額	勘定科目	金額	
	Ⅰ 流動資産	345,032	Ⅰ 流動負債	255,695	
❶☆	現金預金	50,510	買掛金	105,700	
	受取手形	26,000	返金負債	2,686	❶☆
❶	売掛金	153,300	未払金	3,950	
❶	商品	104,360	リース債務	1,656	
	未収金	5,000	営業外支払手形	52,840	❶
❶☆	短期貸付金	9,000	短期借入金	32,313	❶☆
	前払費用	120	賞与引当金	15,440	❶☆
	未収収益	292	未払費用	250	❶☆
	貸倒引当金	△ 3,550	未払消費税等	17,624	
	Ⅱ 固定資産	1,166,842	未払法人税等	23,236	❶☆
	1. 有形固定資産	757,496	Ⅱ 固定負債	223,090	
❶☆	建物	408,000	長期借入金	140,000	
	車両運搬具	32,000	長期リース債務	4,140	
	器具備品	69,400	退職給付引当金	56,050	
❶☆	リース資産	5,796	役員退職慰労引当金	21,900	
❶☆	土地	242,300	営業保証金	1,000	❶☆
	2. 無形固定資産	42,550	負債合計	478,785	
❶☆	ソフトウェア	21,190	純資産の部		
❶☆	のれん	21,360	Ⅰ 株式資本	1,031,689	
	3. 投資その他の資産	366,796	1. 資本金	400,000	
	投資有価証券	102,850	2. 資本剰余金	100,000	
	関係会社株式	152,000	(1) 資本準備金	100,000	
	長期性預金	73,000	3. 利益剰余金	531,689	
❶	繰延税金資産	34,986	(1) 利益準備金	50,000	
	長期破産更生債権等	540	(2) その他利益剰余金	481,689	
	長期貸付金	4,000	別途積立金	340,000	
	貸倒引当金	△ 580	繰越利益剰余金	141,689	❶
			Ⅱ 評価・換算差額等	1,400	
			1. その他有価証券評価差額金	1,400	❶☆
			純資産合計	1,033,089	
	資産合計	1,511,874	負債純資産合計	1,511,874	

損　益　計　算　書			
東京商事株式会社　X5年4月1日～X6年3月31日		(単位：千円)	
Ⅰ 売上高		1,832,100	❶
Ⅱ 売上原価		1,284,360	❶
売上総利益		547,740	
Ⅲ 販売費及び一般管理費		386,033	
営業利益		161,707	
Ⅳ 営業外収益			
受取利息配当金	11,213		❶☆
為替差損益	1,196		❶☆
雑収入	❶☆ 1,016	13,425	
Ⅴ 営業外費用			
支払利息	3,728		❶
手形売却損	1,167		
貸倒引当金繰入額	❶☆ 110	5,005	
経常利益		170,127	
Ⅵ 特別利益			
投資有価証券売却益	2,600		❶☆
固定資産売却益	❶☆ 16,500	19,100	
Ⅶ 特別損失			
貸倒損失	4,050		❶
貸倒引当金繰入額	540		❶☆
投資有価証券評価損	9,850		❶☆
減損損失	18,000		❶☆
ソフトウェア除却損	❶☆ 3,600	36,040	
税引前当期純利益		153,187	
法人税，住民税及び事業税	52,906		
法人税等調整額	△ 7,572	45,334	❶
当期純利益		107,853	

(2) 販売費及び一般管理費の明細

	科目	金額	科目	金額	
❶	貸倒引当金繰入額	3,370 千円	退職給付費用	13,870	❶☆
	貸倒損失	140	役員退職慰労引当金繰入額	4,800	❶☆
	のれん償却	2,880	ソフトウェア償却	5,300	
	広告宣伝費	39,389	福利厚生費	12,154	
	交際接待費	19,172	法定福利費	15,214	
	荷造運搬費	3,154	消耗品費	10,125	
	支払手数料	1,635	水道光熱費	6,719	
	旅費交通費	13,517	公租公課	6,593	❶☆
	通信費	11,936	支払保険料	2,967	
❶☆	従業員給与及び賞与	87,616	修繕費	16,600	❶☆
	賞与引当金繰入額	15,440	減価償却費	54,628	
	雑費	1,134			
❶☆	役員報酬	37,680	合計	386,033 千円	

(3) 個別注記表（一部抜粋）

ア	❶☆	移動平均法	イ	❶☆	変更
ウ	❶☆	支配	エ	❶☆	3,850
オ	❶☆	105,700	カ	❶	372,128
キ	❶☆	120,000	ク	❶	1,271,980
ケ	❶	61,500			

東京CPA解答・解説

解　説

〔第 一 問〕

問1　棚卸資産の評価に関する会計基準

(1)　後入先出法について

> 企業会計原則では採用されていた後入先出法が，棚卸資産の評価に関する会計基準では廃止されている。後入先出法の特徴を I/S面と B/S面の両方の観点から整理し，また，後入先出法が廃止された理由をあわせて確認する。

①　後入先出法の「損益計算の観点」からの長所（34-5項）

後入先出法は，最も新しく取得されたものから棚卸資産の払出しが行われ，期末棚卸資産は最も古く取得されたものからなるとみなして，期末棚卸資産の価額を算定する方法であり，棚卸資産を払い出した時の価格水準に最も近いと考えられる価額で収益と費用を対応させることができる方法である。当期の収益に対しては，これと**同一の価格水準の費用を計上すべきであるという考え方によれば**，棚卸資産の価格水準の変動時には，後入先出法を用いる方が，他の評価方法に比べ，**棚卸資産の購入から販売までの保有期間における市況の変動により生じる保有損益を期間損益から排除すること**によって，**より適切な期間損益の計算に資する**と考えられてきた。

②　後入先出法の「資産の測定の観点」からの問題点（34-6項）

後入先出法は，**棚卸資産が過去に購入した時からの価格変動を反映しない金額で貸借対照表に繰り越され続ける**ため，その貸借対照表価額が**最近の再調達原価の水準と大幅に乖離してしまう可能性がある**とされている。後入先出法以外の評価方法を採用した場合，棚卸資産の受払いによって棚卸資産の貸借対照表価額が市況の変動を何らかの形で反映するのに対し，後入先出法を採用した場合には，**棚卸資産の受払いが生じているにもかかわらず，市況の変動を長期間にわたって反映しない可能性がある**。

③　後入先出法の「損益計算の観点」からの問題点（34-7項）

棚卸資産の期末の数量が期首の数量を下回る場合には，**期間損益計算から排除されてきた保有損益が当期の損益に計上**され，その結果，**期間損益が変動する**こととなる。この点については，企業が**棚卸資産の購入量を調整する**ことによって，当該**保有損益を意図的に当期の損益に計上する**こともできるという指摘がある。なお，平成18年会計基準により，期末における正味売却価額が取得原価よりも下落している場合には，当該正味売却価額をもって貸借対照表価額とされ，取得原価と当該正味売却価額との差額は当期の費用として処理されることとなり（7項参照），**保有利益のみが長期間繰り延べられる**こととなったため，期首の棚卸資産が払い出された場合，**累積した過年度の保有利益だけがまとめて計上される**こととなる。

(2)　トレーディング目的で保有する棚卸資産に係る規定の空欄補充（19項）

トレーディング目的で保有する棚卸資産に係る損益は，原則として，**純額**で**売上高**に表示する。

(3)　トレーディング目的で保有する棚卸資産の定義

トレーディング目的で保有する棚卸資産の定義を問うているが，下記の波線が前提になっていることを忘れずに確認する。なお，解答に際しては，解答用紙の量よりその前提を解答するか否かを判断する。

①　定　義（60項）

当初から加工や販売の努力を行うことなく単に市場価格の変動により利益を得るトレーディング目的で保有する棚卸資産については，投資者にとっての有用な情報は棚卸資産の期末時点の市場価格に求められると考えられることから，市場価格に基づく価額をもって貸借対照表価額とすることとした（15項参照）。その場合，**活発な取引が行われるよう整備された，購買市場と販売市場とが区別されていない単一の市場（例えば，金の取引市場）の存在が前提**となる。また，そうした市場でトレーディングを目的に保有する棚卸資産は，売買・換金に対して事業遂行上等の制約がなく，市場価格の変動にあたる評価差額が企業にとっての投資活動の成果と考えられることから，その評価差額は当期の損益として処理することが適当と考えられる。

(4)　トレーディング目的で保有する棚卸資産の保有目的の変更

本問は，有価証券の保有目的の変更を理解しているかを問う問題である。トレーディング目的で保有する棚卸資産は，下記のように売買目的有価証券と同様に会計処理を行うため，売買目的有価証券の保有目的の変更を理解しているかがポイントになる。保有目的は，原則として変更前の評価基準によるため，売買目的有価証券の保有目的を変更した場合は，旧目的に対する投資は一度清算したものと考え，新たに時価で再投資したと考える。

①　トレーディング目的で保有する棚卸資産の会計処理（61項）

トレーディング目的で保有する棚卸資産に係る会計処理は，売買目的有価証券の会計処理と同様であるため，その具体的な適用は，金融商品会計基準に準ずることとしている（16項参照）。したがって，金融商品会計基準のほか，その具体的な指針等も参照する必要がある。

②　金融商品会計に関する実務指針（283項）

有価証券の保有目的区分の変更を行う場合における**振替時の評価額は，原則として，変更前の保有目的区分に係る評価基準による**ものとした。したがって，貸借対照表価額として時価を付していた**売買目的有価証券から他の保有目的区分への変更の場合には時価で振り替え**，振替時に生じる**評価差額は，売買目的有価証券に係る評価差額として当期の純損益に計上**することになる。

問2　金融商品に関する会計基準

> 条件付きの金融資産の譲渡について，リスク・経済価値アプローチと財務構成要素アプローチの違いを正確に理解するとともに，それらの考え方が他の基準にどのように反映されているかもあわせて確認する。

⑴　金融資産の消滅の認識要件の空欄補充（8項）

金融資産の契約上の権利を**行使**したとき，権利を**喪失**したとき又は権利に対する支配が他に**移転**したときは，当該金融資産の消滅を認識しなければならない。

⑵　金融資産の譲渡に係る支配の移転（57，58項）

条件付きの金融資産の譲渡については，金融資産のリスクと経済価値のほとんどすべてが他に移転した場合に当該金融資産の消滅を認識する方法（以下「リスク・経済価値アプローチ」という。）と，金融資産を構成する財務的要素（以下「財務構成要素」という。）に対する支配が他に移転した場合に当該移転した財務構成要素の消滅を認識し，留保される財務構成要素の存続を認識する方法（以下「**財務構成要素アプローチ**」という。）とが考えられる。

証券・金融市場の発達により金融資産の流動化・証券化が進展すると，例えば，譲渡人が自己の所有する金融資産を譲渡した後も回収サービス業務を引き受ける等，金融資産を財務構成要素に分解して取引することが多くなるものと考えられる。このような場合，**リスク・経済価値アプローチ**では金融資産を財務構成要素に分解して支配の移転を認識することができないため，**取引の実質的な経済効果が譲渡人の財務諸表に反映されない**こととなる。このため，基準では，金融資産の譲渡に係る消滅の認識は財務構成要素アプローチによることとした。

問3　収益認識に関する会計基準

> 収益認識における支配の移転に関する考え方を正確に理解するとともに他の基準の支配の移転と比較する。

⑴，⑵　資産に対する支配の移転についての空欄補充（40項）

- 企業が顧客に提供した資産に関する対価を収受する**現在**の権利を有していること
- 顧客が資産の所有に伴う重大なリスクを負い，**経済価値**を享受していること
- 顧客が資産を**検収**したこと

⑶　顧客視点が求められる理由（132項）

支配の移転は，財又はサービスを提供する企業，あるいは当該財又はサービスを受領する顧客のいずれの観点からも判定でき，**企業が支配を喪失した時，又は顧客が支配を獲得した時のいずれか**となる。通常，**両者の時点は一致する**が，**企業が顧客への財又はサービスの移転と一致しない活動に基づき収益を認識することがないよう**，**顧客の視点から支配の移転を検討する**。

〔第 二 問〕

問1　討議資料 財務会計の概念フレームワーク

(1), (2)　質的特性についての空欄補充（第2章16項）

意思決定との関連性と**信頼性**は，会計情報が利用者の意思決定にとって有用であるか否かを直接判定する規準として機能する。それに対して，**内定整合性**と比較可能性の2つの特性は，会計情報が有用であるために必要とされる最低限の基礎的な条件である。これらの特性によって意思決定有用性が直接的に判断されるわけではないが，しばしば，これらは，**意思決定との関連性**や**信頼性**が満たされているか否かを間接的に推定する際に利用される。それゆえに，それらを**意思決定との関連性**と**信頼性**の階層関係の中ではなく，階層全体を支える一般的制約となる特性として位置づけた。

(3)　比較可能性を確保するための手段と具体例（11項）

①　意　義

比較可能性とは，同一企業の会計情報を時系列で比較する場合，あるいは，同一時点の会計情報を企業間で比較する場合，それらの比較に障害とならないように会計情報が作成されていることを要請するものである。

②　手　段

同様の事実（対象）には同一の会計処理が適用され，異なる事実（対象）には異なる会計処理が適用されることにより，会計情報の利用者が，**時系列比較や企業間比較にあたって，事実の同質性と異質性を峻別できるようにしなければならない**。

問2　ストック・オプション等に関する会計基準

(1)　権利確定日以前の会計処理の空欄補充（4，5項）

ストック・オプションを付与し，これに応じて企業が従業員等から取得するサービスは，その取得に応じて費用として計上し，対応する金額を，ストック・オプションの権利の行使又は失効が確定するまでの間，貸借対照表の純資産の部に**新株予約権**として計上する。

各会計期間における費用計上額は，ストック・オプションの公正な評価額のうち，対象勤務期間を基礎とする方法その他の合理的な方法に基づき当期に発生したと認められた額である。ストック・オプションの公正な評価額は，公正な評価単価にストック・オプション数を乗じて算定する。

(2)　費用認識の根拠（35項）

> ストック・オプションに関する取引で，取得したサービスの認識について，①費用認識に根拠がある見解，②費用認識の前提条件に疑問がある見解，③費用認識に根拠がないとする見解，④費用認識が困難又は不適当とする見解をそれぞれ正確に理解する。

費用認識に根拠があるとする指摘は，**従業員等に付与されたストック・オプションを対価**と

東京CPA解答・解説

して，これと引換えに，**企業に追加的にサービスが提供され，企業に帰属することとなったサービスを消費したこと**に費用認識の根拠があると考えるものである。企業に帰属し，貸借対照表に計上されている財貨を消費した場合に費用認識が必要である以上，企業に帰属しているサービスを消費した場合にも費用を認識するのが整合的である。

企業に帰属したサービスを貸借対照表に計上しないのは，単にサービスの性質上，貯蔵性がなく取得と同時に消費されてしまうからに過ぎず，その消費は財貨の消費と本質的に何ら異なるところはないからである。

(3) ストック・オプションの公正な評価額についての正誤判定

ア　ストック・オプション取引は，付与したストック・オプションとこれに応じて提供されたサービスとが対価関係にあることが前提とされており，企業の経済合理性を前提とすれば，契約成立の時点において，等価で交換されていると考えることができる。また，付与日以後のストック・オプションの公正な評価単価の変動はサービスの価値とは直接的な関係を有しないものと考えられる。よって，公正な評価単価は，付与日現在で算定し，条件変更の場合を除き，その後は見直さない。

ウ　付与されたストック・オプション数から権利不確定による失効の見積数を控除して算定する。

エ　ストック・オプション数は，付与日から権利確定日の直前までの間に，権利不確定による失効の見積数に重要な変動が生じる場合には，これに応じてストック・オプション数を見直す。

オ　ストック・オプション数を見直した場合，見直し後のストック・オプション数に基づき，その期までに費用として計上すべき額と，これまでに計上した額との差額を見直した期の損益として計上する。

(4) 新株の有利発行とストック・オプション取引との異同点について

①　新旧株主間の富の移転（共通点）

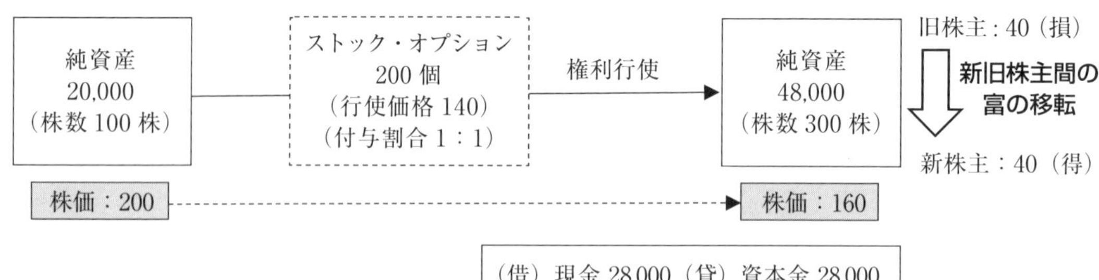

② 反対給付の有無（相違点）

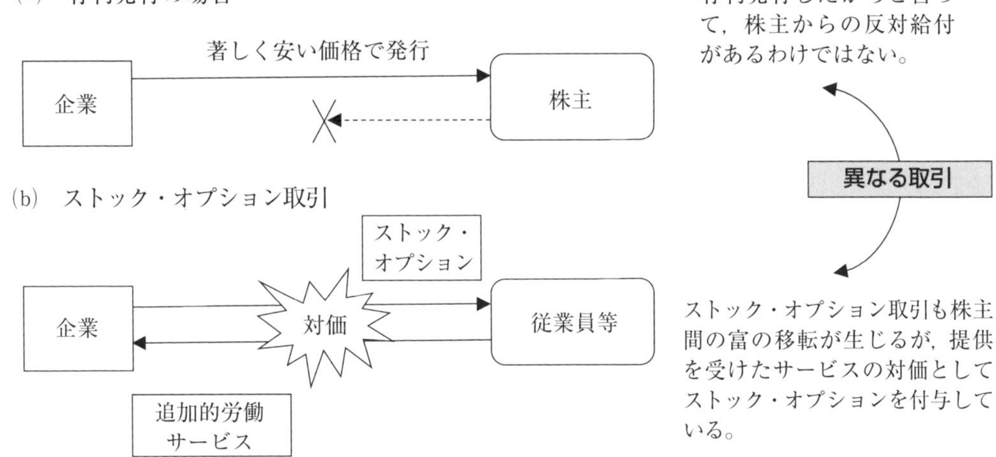

(5) ストック・オプションの失効の取扱い

① 事前の期待（43，44項）

ストック・オプションは，権利行使された場合に新株が時価未満で発行される（又は自己株式が時価未満で交付される）ことに伴ってオプションを付与された側に生ずる利益を根拠とした経済的価値を有している。このように経済的価値を有するストック・オプションを，企業が一定の条件を満たすサービスの提供を期待して従業員等に付与した場合には，企業と従業員等との間にいわば条件付の契約が締結されていると考えることができる。

企業の取引が経済合理性に基づくものであるならば，この契約についても等価での交換が前提となっていると考えられる。すなわち，企業は，ストック・オプションを付与（給付）する対象者に対して，権利確定条件（勤務条件や業績条件）を満たすようなサービスの提供（反対給付）を期待し，契約締結時点であるストック・オプションの付与時点において，企業が期待するサービスと等価であるストック・オプションを付与していると考えられる。

② 事前の期待が成果として確定（46項）

取引が完結し，付与されたストック・オプションの権利が確定した後に，株価の低迷等の事情により権利が行使されないままストック・オプションが失効した場合でも，これと引換えに提供されたサービスが既に消費されている以上，過去における費用の認識自体は否定されない。しかし，ストック・オプションは自社の株式をあらかじめ決められた価格で引き渡す可能性であるにすぎないから，それが行使されないまま失効すれば，結果として会社は株式を時価未満で引き渡す義務を免れることになる。結果が確定した時点で振り返れば，会社は無償で提供されたサービスを消費したと考えることができる。このように，新株予約権が行使されずに消滅した結果，新株予約権を付与したことに伴う純資産の増加が，株主との直接的な取引によらないこととなった場合には，それを利益に計上した上で株主資本に算入する（なお，非支配株主に帰属する部分は，非支配株主に帰属する当期純利益に計上することになる。）。

〔第 三 問〕

1 現金預金に関する事項

(1) 現 金

a 整理仕訳

(借)	現 金	1,694千円	(貸)	受取利息配当金	2,000千円
(〃)	法人税等	306			

b 貸借対照表の現金

イ 現金の帳簿残高

6,538千円（整理前T／Bの現金）＋1,694千円（配当金領収書）＝8,232千円

ロ 現金実際有高

384千円（紙幣及び硬貨）＋2,590千円（他人振出小切手）＋3,564千円（各営業所の現金残高の合計額）＋1,694千円（配当金領収書）＝8,232千円

※ 現金の帳簿残高と実際有高が一致するので，現金過不足は生じない。

(2) 預 金

a 当座預金

(借)	買掛金	3,680千円	(貸)	預 金	1,367千円
			(〃)	短期借入金	2,313

b 普通預金

(借)	支払手数料	6千円	(貸)	預 金	6千円

（注） 貸借対照表の普通預金

42,284千円（整理前T／Bの普通預金）－ 6千円（振込手数料）＝42,278千円

c 定期預金

(借)	長期性預金	73,000千円	(貸)	預 金	72,000千円
			(〃)	為替差損益	1,000
(借)	未収収益	292千円	(貸)	受取利息配当金	292千円

（注1） 換算替

① 決算日の為替相場で換算した定期預金

500千ドル（定期預金の外貨額）×146円（決算日の為替相場）＝ 73,000千円

② 換算損益

73,000千円（決算日の円貨額）－72,000千円（預入時の円貨額）＝1,000千円 → 為替差益

（注2） 流動・固定の分類

満期日がX7年11月30日なので「1年基準」を適用し，固定資産の「投資その他の資産」とする。

（注3） 未収収益

500,000ドル（外貨建の元本）×1.2％×4／12（X5年12月1日～X6年3月31日）×146円（決算日の為替相場）＝292千円

(4) 解答の金額

◇ 現金預金：8,232千円（現金）＋42,278千円（普通預金）＝50,510千円

◇ 買掛金：109,380千円（整理前T／Bの買掛金）－3,680千円（買掛金の記帳誤り）＝105,700千円

◇ 支払手数料：1,629千円（整理前T／Bの支払手数料）＋6千円（振込手数料）＝1,635千円

◇ 受取利息配当金：8,921千円（整理前T／Bの受取利息配当金）＋2,000千円（配当金領収書）＋292千円（未収収益）＝11,213千円

◇ 為替差損益：196千円（整理前T／Bの為替差損益）＋1,000千円（定期預金）＝1,196千円

東京CPA解答・解説

2 受取手形に関する事項

(1) 科目の付替

(借)	短期貸付金	6,000千円	(貸)	受取手形	6,000千円

(2) 解答の金額

◇ 受取手形：32,000千円（整理前T／Bの受取手形）－6,000千円（短期貸付金への振替）＝26,000千円

3 売上及び売掛金に関する事項

(1) 前期の出荷基準から検収基準への修正

a 売上高及び売上原価の修正並びに遡及適用

(借)	繰越商品	12,900千円	(貸)	売上	18,400千円
(〃)	法人税等調整額	1,650			
(〃)	繰越利益剰余金	3,850			

(注1) 売上高の修正

1,524,000千円（出荷基準）－1,505,600千円（検収基準）＝18,400千円

(注2) 売上原価の修正

1,089,660千円（出荷基準）－1,076,760千円（検収基準）＝12,900千円

(注3) 遡及適用額

① 累積的影響額

18,400千円（売上高）－12,900千円（売上原価）＝5,500千円

② 法人税等調整額と繰越利益剰余金

法人税等調整額：5,500千円（累積的影響額）×0.30＝1,650千円
繰越利益剰余金：5,500千円（累積的影響額）×（1－0.30）＝3,850千円

(2) 売上の修正

(借)	売上	5,500千円	(貸)	売掛金	5,500千円

(注) 売上の取消

2,400千円（X6年3月30日出荷分）＋3,100千円（X6年3月31日出荷分）＝5,500千円

(3) 売上割引の計上漏れ

(借)	返金負債	130千円	(貸)	売掛金	130千円

(注) 売上割引の額

5,630千円（売掛金の過大計上額）－5,500千円（売上の取消額）＝130千円

(4) 解答の金額

◇ 返金負債：2,816千円（整理前Ｔ／Ｂの返金負債）－130千円（売上割引）＝2,686千円

◇ 売 上 高：1,819,200千円（整理前Ｔ／Ｂの売上）＋18,400千円（前期の修正額）－5,500千円（売上の取消額）＝1,832,100千円

◇ 会計方針の変更に関する注記：累積的影響額

4 貸付金に関する事項

(1) 科目の付替

(借)	短期貸付金	3,000千円	(貸)	貸付金	7,000千円
(〃)	長期貸付金	4,000			

(2) 解答の金額

◇ 短期貸付金：6,000千円（取引先への貸付金）＋3,000千円（従業員への貸付金）＝9,000千円

5 貸倒引当金に関する事項

(1) 破産更生債権等（Ｇ社）

(借)	営業保証金	900千円	(貸)	売掛金	9,000千円
(〃)	貸倒引当金	3,240			
(〃)	貸倒損失	4,050			
(〃)	仮受金	270			
(〃)	長期破産更生債権等	540			
(借)	貸倒引当金繰入額(特別損失)	540千円	(貸)	貸倒引当金	540千円

(注1) 貸倒の取扱い

① 回収不能額の計算

｛9,000千円（売掛金）－900千円（営業保証金）｝×90％＝7,290千円

② 回収不能額の取扱い

③ 当期回収額

｛9,000千円（売掛金）－900千円（営業保証金）｝×10％÷３＝270千円

貸倒引当金の補填：3,240千円

貸倒損失（特別損失）：7,290千円（回収不能額）－3,240千円（貸倒引当金の補填額）＝4,050千円

④ 長期破産更生債権等：｛9,000千円（売掛金）－900千円（営業保証金）｝×10％－270千円（当期回収額）＝540千円

(注2) 貸倒引当金の設定

540千円（長期破産更生債権等）

(2) 貸倒懸念債権（Ｅ社・Ｆ社）

(借)	貸倒引当金繰入額（販売費）	1,720千円	(貸)	貸倒引当金	1,720千円

（注） 貸倒引当金繰入額の計算

① Ｅ社 ｛500千円（受取手形）＋1,600千円（売掛金）－400千円（営業保証金）｝×40％＝680千円

② Ｆ社 ｛800千円（受取手形）＋2,400千円（売掛金）－600千円（営業保証金）｝×40％＝1,040千円

①＋②＝1,720千円

(3) 一般債権

(借)	貸倒引当金	1,540千円	(貸)	貸倒損失	1,540千円
(借)	貸倒引当金繰入額（販売費）	1,650千円	(貸)	貸倒引当金	1,760千円
(〃)	貸倒引当金繰入額（営業外費用）	110			

（注1） 受取手形及び売掛金の貸倒引当金の残高

4,890千円（前期末の設定額）－3,240千円（Ｇ社に対する貸倒引当金）－1,540千円（貸倒引当金の補填額）－20千円（貸付金の貸倒引当金）＝90千円

（注2） 受取手形及び売掛金に対する貸倒引当金繰入額（販売費）

｛26,000千円（解答の受取手形）＋153,300千円（解答の売掛金）－5,300千円（貸倒懸念債権）｝×１％－90千円（貸倒引当金の残高）＝1,650千円

（注3） 貸付金に対する貸倒引当金繰入額（営業外費用）

｛9,000千円（解答の短期貸付金）＋4,000千円（解答の長期貸付金）｝×１％－20千円（貸倒引当金の残高）＝110千円

(4) 税効果会計

(借)	法人税等調整額	1,467千円	(貸)	繰延税金資産	1,467千円
(借)	繰延税金資産	1,239千円	(貸)	法人税等調整額	1,239千円

（注1） 繰延税金資産の解消額 4,890千円（前期末の貸倒引当金）×0.30＝1,467千円

（注2） 繰延税金資産の発生額 4,130千円（当期末の貸倒引当金）×0.30＝1,239千円

(5) 解答の金額

◇ 売掛金：167,930千円（整理前Ｔ／Ｂの売掛金）－5,500千円（売上の取消額）－130千円（売上割引）－9,000千円（破産更生債権等）＝153,300千円

◇ 営業保証金：1,900千円（整理前Ｔ／Ｂの営業保証金）－900千円（破産更生債権等との相殺額）＝1,000千円

◇ 貸借対照表の貸倒引当金

流動資産：｛26,000千円（受取手形）＋153,300千円（売掛金）－5,300千円（貸倒懸念債権）＋9,000千円（短期貸付金）｝×１％＋1,720千円（貸倒懸念債権の貸倒引当金）＝3,550千円

固定資産（投資その他の資産）：4,000千円（長期貸付金）×１％＋540千円（破産更生債権等の貸倒引当金）＝580千円

◇ 貸倒損失：1,680千円（整理前Ｔ／Ｂの貸倒損失）－1,540千円（貸倒引当金の補填額）＝140千円

6　投資有価証券に関する事項

(1)　前期末の洗い替え処理

(借)	繰延税金負債	690千円	(貸)	投資有価証券	1,700千円
(〃)	その他有価証券評価差額	1,190	(〃)	繰延税金資産	180

（注1）　投資有価証券の増減額

①　簿価の合計額

36,400千円（I社株式）+27,900千円（J社株式）+36,200千円（K社株式）=100,500千円

②　時価の合計額

38,200千円（I社株式）+28,400千円（J社株式）+35,600千円（K社株式）=102,200千円

③　投資有価証券の修正額

102,200千円（時価）−100,500千円（簿価）=1,700千円

（注2）　その他有価証券評価差額金及び税効果会計

①　評価益の計算

◇　簿価の合計額

36,400千円（I社株式）+27,900千円（J社株式）=64,300千円

◇　時価の合計額

38,200千円（I社株式）+28,400千円（J社株式）=66,600千円

◇　評価差額の計算

66,600千円（時価の合計額）−64,300千円（簿価の合計額）=2,300千円

◇　繰延税金負債とその他有価証券評価差額金

繰延税金負債：2,300千円（評価差額）×0.30=690千円
その他有価証券評価差額金：2,300千円（評価差額）×（1−0.30）=1,610千円

②　評価損の計算

◇　評価差額の計算

K社株式：36,200千円（簿価）−35,600千円（時価）=600千円

◇　繰延税金資産とその他有価証券評価差額金

繰延税金資産：600千円（評価差額）×0.30=180千円
その他有価証券評価差額金：600千円（評価差額）×（1−0.30）=420千円

③　その他有価証券評価差額金の計算

1,610千円（評価益）−420千円（評価損）=1,190千円

(2)　売却の修正（J社株式）

(借)	投資有価証券	500千円	(貸)	投資有価証券売却益	500千円

（注）　投資有価証券売却益の修正額

売却時に洗い替え法の処理を行っていないので，売却原価は前期末の時価としている。そのため，簿価に修正して売却損益の計算を行う。

⑶　科目の付替（N社株式）

（借）	関係会社株式	152,000千円	（貸）	投資有価証券	152,000千円

⑷　当期末の評価

a　減損処理（M社株式）

（借）	投資有価証券評価損	9,850千円	（貸）	投資有価証券	9,850千円

（注）　減損の計算

19,000千円（簿価）－9,150千円（当期末の純資産額）＝9,850千円

b　評価差額

（借）	投資有価証券	2,000千円	（貸）	繰延税金負債	960千円
（〃）	繰延税金資産	360	（〃）	その他有価証券評価差額	1,400

（注1）　投資有価証券の増減額

①　簿価の合計額

36,400千円（Ｉ社株式）＋36,200千円（Ｋ社株式）＋7,500千円（Ｌ社株式）＝80,100千円

②　時価の合計額

35,200千円（Ｉ社株式）＋39,100千円（Ｋ社株式）＋7,800千円（Ｌ社株式）＝82,100千円

③　投資有価証券の増加額

82,100千円（時価）－80,100千円（簿価）＝2,000千円

（注2）　その他有価証券評価差額金及び税効果会計

①　評価益の計算

◇　簿価の合計額

36,200千円（Ｋ社株式）＋7,500千円（Ｌ社株式）＝43,700千円

◇　時価の合計額

39,100千円（Ｋ社株式）＋7,800千円（Ｌ社株式）＝46,900千円

◇　評価差額の計算

46,900千円（時価）－43,700千円（簿価）＝3,200千円

◇　繰延税金負債とその他有価証券評価差額金

繰延税金負債：3,200千円（評価差額）×0.30＝960千円
その他有価証券評価差額金：3,200千円（評価差額）×（1－0.30）＝2,240千円

②　評価損の計算

◇　評価差額の計算

Ｉ社株式：36,400千円（簿価）－35,200千円（時価）＝1,200千円

◇　繰延税金資産とその他有価証券評価差額金

繰延税金資産：1,200千円（評価差額）×0.30＝360千円
その他有価証券評価差額金：1,200千円（評価差額）×（1－0.30）＝840千円

③　その他有価証券評価差額金の計算

2,240千円（評価益）－840千円（評価損）＝1,400千円

⑸　解答の金額

◇　投資有価証券：263,900千円（整理前Ｔ／Ｂの投資有価証券）－1,700千円（前期末の評価差額）＋500千円（売却の修正）－152,000千円（関係会社株式への振替）－9,850千円（減損処理）＋2,000千円（当期末の評価差額）＝102,850千円

◇　その他有価証券評価差額金：1,190千円（整理前Ｔ／Ｂのその他有価証券評価差額金）－1,190千円（洗い替え処理）＋1,400千円（当期末の評価差額）＝1,400千円

◇　投資有価証券売却益：2,100千円（整理前Ｔ／Ｂの投資有価証券売却益）＋500千円（修正額）＝2,600千円

7　仕入及び棚卸資産に関する事項

⑴　期首商品棚卸高

104,800千円（整理前Ｔ／Ｂの繰越商品）＋12,900千円（遡及適用額）＝117,700千円

⑵　収益性の低下に伴う商品評価損

a　横浜営業所

〔11,850円（簿価）－｛12,150円（売価）－400円（見積販売直接経費）｝〕×160個（下記⑶を参照）＝16千円

b　当期末の商品評価損

540千円（横浜営業所以外の商品評価損）＋16千円（横浜営業所の商品評価損）＝556千円

c　売上原価の増減額

960千円（前期の商品評価損）－556千円（当期の商品評価損）＝404千円 → 売上原価の減少額

⑶　期末商品棚卸高

a　横浜営業所

｛140個（期末実地棚卸高）＋20個（３月30日払出分の未検収分）｝×11,850円＝1,896千円

b　弘前営業所

売上が取り消されたＣ社（原価1,690千円）及びＤ社（原価2,180千円）の商品を期末在庫に計上する。

c　期末商品棚卸高

98,610千円（横浜営業所及び弘前営業所以外の貸借対照表価額）＋540千円（収益性の低下に伴う評価損）＋1,896千円（横浜営業所）＋3,870千円（弘前営業所）＝104,916千円

⑷　整理仕訳

(借)	仕　　　　入	117,700千円	(貸)	繰　越　商　品	117,700千円
(借)	繰　越　商　品	104,916千円	(貸)	仕　　　　入	104,916千円
(借)	商品評価切下額	960千円	(貸)	商品評価切下額戻入益	960千円
(借)	商　品　評　価　損	556千円	(貸)	商品評価切下額	556千円
(借)	商品評価切下額戻入益	960千円	(貸)	仕　　　　入	960千円
(借)	仕　　　　入	556千円	(貸)	商　品　評　価　損	556千円

⑸　解答の金額

◇　貸借対照表の商品：98,610千円（横浜営業所及び弘前営業所を除く）＋1,880千円（横浜営業所）＋3,870千円（弘前営業所）＝104,360千円

◇　売　上　原　価：117,700千円（期首商品棚卸高）＋1,271,980千円（当期商品仕入高）－104,916千円（期末商品棚卸高）－404千円（商品評価切下額戻入益）＝1,284,360千円

◇　重要な会計方針に関する注記

◇　関係会社に対する短期金銭債務の注記：買掛金

◇　関係会社に対する営業取引高の注記：当期商品仕入高

8　有形固定資産に関する事項

⑴　建設仮勘定

(借)	建物	80,000千円	(貸)	建設仮勘定	82,840千円
(〃)	修繕費	2,840			
(借)	支払手形	52,840千円	(貸)	営業外支払手形	52,840千円
(借)	減価償却費	800千円	(貸)	建物減価償却累計額	800千円

（注）　建物減価償却費の計算　80,000千円（取得原価）× 0.040 × 3／12（X6年1月～X6年3月）＝800千円

⑵　土地の売却

(借)	仮受金	61,500千円	(貸)	土地	45,000千円
				固定資産売却益	16,500

⑶　リース取引

(借)	リース資産	6,624千円	(貸)	支払リース料	900千円
(〃)	支払利息	72	(〃)	リース債務	1,656
			(〃)	長期リース債務	4,140
(借)	減価償却費	828千円	(貸)	リース資産減価償却累計額	828千円

（注1）　リース資産の取得原価

6,624千円（リース料総額の現在価値）＜ 6,840千円（見積現金購入価額）

よって，リース資産の取得原価は6,624千円となる。

（注2）　利息計算

①　利息の金額

7,200千円（リース料の総額）－6,624千円（リース料総額の現在価値）＝576千円

②　当期に帰属する支払利息

576千円（利息の総額）÷48回（リース期間）× 6ヵ月（X5年10月～X6年3月）＝72千円

（注3）　リース債務の流動・固定の分類

①　1回のリース債務の支払額

150千円（1回のリース料）－576千円（利息の総額）÷48回（リース期間）＝138千円

②　流動・固定の分類

流動負債：138千円（1回のリース料の支払額）×12ヵ月（X6年4月～X7年3月）＝1,656千円
固定負債：138千円（1回のリース料の支払額）×30ヵ月（X7年4月～X9年9月）＝4,140千円

（注4）　減価償却費

6,624千円（リース資産の取得原価）÷ 4年（リース期間）× 6／12（X5年10月～X6年3月）＝828千円

(4) 減 損

(借)	減損損失	18,000千円	(貸)	建物	7,200千円
			(〃)	器具備品	2,100千円
			(〃)	土地	8,700千円
(借)	繰延税金資産	5,400千円	(貸)	法人税等調整額	5,400千円

(注1) 減損損失の認識・測定

① 認識

90,000千円（帳簿価額）＞ 86,000千円（割引前将来キャッシュ・フローの総額）

よって，減損損失の認識を行う。

② 測定

90,000千円（帳簿価額）－72,000千円（回収可能価額）＝18,000千円

※ 回収可能価額

72,000千円（正味売却価額）＞ 69,000千円（使用価値）

よって，回収可能価額は72,000千円となる。

(注2) 減損損失の配分

① 建物 18,000千円（減損損失）× $\frac{36{,}000千円}{90{,}000千円}$ ＝7,200千円

② 器具備品 18,000千円（減損損失）× $\frac{10{,}500千円}{90{,}000千円}$ ＝2,100千円

③ 土地 18,000千円（減損損失）× $\frac{43{,}500千円}{90{,}000千円}$ ＝8,700千円

(注3) 税効果会計 18,000千円（減損損失）×0.30＝5,400千円

(5) 解答の金額

◇ 建物：600,000千円（整理前T／Bの建物）＋80,000千円（期中取得分）－264,000千円（整理前T／Bの建物減価償却累計額）－800千円（減価償却費）－7,200千円（減損損失）＝408,000千円

◇ 車両運搬具：80,000千円（整理前T／Bの車両運搬具）－48,000千円（整理前T／Bの車両運搬具減価償却累計額）＝32,000千円

◇ 器具備品：130,000千円（整理前T／Bの器具備品）－58,500千円（整理前T／Bの器具備品減価償却累計額）－2,100千円（減損損失）＝69,400千円

◇ リース資産：6,624千円（取得原価）－828千円（減価償却費）＝5,796千円

◇ 土地：296,000千円（整理前T／Bの土地）－45,000千円（売却分）－8,700千円（減損損失）＝242,300千円

◇ 修繕費：13,760千円（整理前T／Bの修繕費）＋2,840千円（期末計上分）＝16,600千円

◇ 減価償却費：53,000千円（整理前T／Bの減価償却費）＋800千円（建物）＋828千円（リース資産）＝54,628千円

◇ 貸借対照表の注記：担保の注記・減価償却累計額の注記

◇ 損益計算書の注記：関係会社に対する営業外取引高の注記：土地売却額

9　無形固定資産に関する事項

(1)　ソフトウェア

(借)	ソフトウェア除却損	3,600千円	(貸)	ソフトウェア	8,900千円
(〃)	ソフトウェア償却	5,300			

(注1)　ソフトウェアの除却

①　期首から除却時までのソフトウェア償却

4,800千円(前期末の未償却残高)÷20ヵ月(残存償却月数)×５ヵ月(X５年４月～X５年８月)＝1,200千円

②　ソフトウェア除却損

4,800千円（前期末の未償却残高）－1,200千円（当期の償却額）＝3,600千円

(注2)　ソフトウェア償却

①　会計処理システム

9,690千円（前期末の未償却残高）÷51ヵ月（残存償却月数）×12ヵ月（当期の月数）＝2,280千円

②　営業管理システム

15,600千円（取得原価）÷60ヵ月（見込利用月数）×７ヵ月（X５年９月～X６年３月）＝1,820千円

(2)　のれん

(借)	のれん償却	2,880千円	(貸)	のれん	2,880千円

(注)　のれん償却

24,240千円（整理前Ｔ／Ｂののれん）÷101ヵ月（残存償却月数）×12ヵ月（当期の月数）＝2,880千円

(3)　解答の金額

◇　ソフトウェア：30,090千円（整理前Ｔ／Ｂのソフトウェア）－8,900千円（ソウトウェア除却損及びソフトウェア償却）＝21,190千円

◇　の　れ　ん：24,240千円（整理前Ｔ／Ｂののれん）－2,880千円（のれん償却）＝21,360千円

10　借入金に関する事項

(1)　未経過利息及び経過利息の処理

(借)	借入金	170,000千円	(貸)	短期借入金	30,000千円
			(〃)	長期借入金	140,000
(借)	前払費用	120千円	(貸)	支払利息	120千円
(借)	支払利息	250千円	(貸)	未払費用	250千円

(注1)　流動・固定の分類

流動負債：50,000千円（借入元本）÷10回（分割返済回数）×２回分（第１回目と第２回目）＋20,000千円＝30,000千円

固定負債：170,000千円（前Ｔ／Ｂの借入金）－30,000千円（流動負債）＝140,000千円

(注2)　未経過利息

20,000千円（借入元本）×1.8％×４／12（X６年４月１日～X６年７月31日）＝120千円

(注3)　経過利息

50,000千円（借入元本）×1.2％×５／12（X５年11月１日～X６年３月31日）＝250千円

東京ＣＰＡ解答・解説

(2) 解答の金額

◇ 短期借入金：30,000千円＋2,313千円（当座借越）＝32,313千円

◇ 支払利息：3,526千円（整理前T／Bの支払利息）＋72千円（リース取引の利息）－120千円（前払費用）＋250千円（未払費用）＝3,728千円

11 従業員賞与に関する事項

(1) 賞与引当金

(借)	賞与引当金	13,780千円	(貸)	従業員給与及び賞与	13,780千円
(借)	賞与引当金繰入額	15,440千円	(貸)	賞与引当金	15,440千円

（注） 賞与引当金繰入額

23,160千円（支給見込額）× 4 ／ 6 （X５年12月～X６年３月）＝15,440千円

(2) 税効果会計

(借)	法人税等調整額	4,134千円	(貸)	繰延税金資産	4,134千円
(借)	繰延税金資産	4,632千円	(貸)	法人税等調整額	4,632千円

（注） 税効果会計

① 前期分

13,780千円（前期末の賞与引当金）×0.30＝4,134千円

② 当期分

15,440千円（当期末の賞与引当金）×0.30＝4,632千円

(3) 解答の金額

◇ 従業員給与及び賞与：101,396千円（整理前T／Bの従業員給与及び賞与）－13,780千円（賞与引当金で補填）＝87,616千円

12 退職給付引当金に関する事項

(1) 退職給付引当金

(借)	退職給付引当金	5,800千円	(貸)	仮払金	5,800千円
(借)	退職給付費用	13,870千円	(貸)	退職給付引当金	13,870千円

（注） 退職給付費用

① 当期末の退職給付引当金の額

41,800千円（自己都合要支給額）＋46,150千円（数理債務の額）－31,900千円（年金資産の額）＝56,050千円

② 前期末の退職給付引当金の修正後の額

47,980千円（整理前T／Bの退職給付引当金）－2,560千円（退職一時金の支給額）－3,240千円（掛金の拠出額）＝42,180千円

③ 退職給付費用

56,050千円（当期末の退職給付引当金）－42,180千円（修正後の退職給付引当金）＝13,870千円

(2) 税効果会計

(借)	法人税等調整額	14,394千円	(貸)	繰延税金資産	14,394千円
(借)	繰延税金資産	16,815千円	(貸)	法人税等調整額	16,815千円

(注) 税効果会計

① 前期分 47,980千円(前期末の退職給付引当金)×0.30＝14,394千円

② 当期分 56,050千円(当期末の退職給付引当金)×0.30＝16,815千円

(3) 解答の金額

◇ 退職給付引当金：47,980千円(整理前T／Bの退職給付引当金)－5,800千円(退職一時金及び掛金の拠出額)＋13,870千円(退職給付費用)＝56,050千円

13 役員退職慰労引当金に関する事項

(1) 役員退職慰労引当金

(借)	役員退職慰労引当金	1,500千円	(貸)	役員報酬	1,500千円
(借)	役員退職慰労引当金繰入額	4,800千円	(貸)	役員退職慰労引当金	4,800千円

(注) 役員退職慰労引当金繰入額

21,900千円(当期末の役員退職慰労引当金)－{18,600千円(整理前T／Bの役員退職慰労引当金)－1,500千円(役員退職慰労金の支払高)}＝4,800千円

(2) 税効果会計

(借)	法人税等調整額	5,580千円	(貸)	繰延税金資産	5,580千円
(借)	繰延税金資産	6,570千円	(貸)	法人税等調整額	6,570千円

(注) 税効果会計

① 前期分 18,600千円(前期末の役員退職慰労引当金)×0.30＝5,580千円

② 当期分 21,900千円(当期末の役員退職慰労引当金)×0.30＝6,570千円

(3) 解答の金額

◇ 役員退職慰労引当金：18,600千円(整理前T／Bの役員退職慰労引当金)－1,500千円(役員退職慰労金)＋4,800千円(役員退職慰労引当金繰入額)＝21,900千円

◇ 役員報酬：39,180千円(整理前T／Bの役員報酬)－1,500千円(役員退職慰労引当金で補填)＝37,680千円

14 配当に関する事項

(1) 配当金の計算

5,000株×800千円(1株当たりの配当金)＝4,000千円

(2) 修正仕訳

(借)	繰越利益剰余金	4,000千円	(貸)	仮払金	4,000千円

15 諸税金に関する事項

⑴ 消費税

(借)	仮受消費税等	183,960千円	(貸)	仮払消費税等	146,619千円
			(〃)	仮払金	19,528
			(〃)	未払消費税等	17,624
			(〃)	雑収入	189

(注1) 未払消費税等

37,152千円(確定年税額)－19,528千円(中間納付額)＝17,624千円

(注2) 雑収入

183,960千円(仮受消費税等)－146,619千円(仮払消費税等)－37,152千円(確定年税額)＝189千円

⑵ 法人税，住民税及び事業税

(借)	法人税，住民税及び事業税	52,906千円	(貸)	法人税等	32,050千円
(〃)	公租公課	2,380	(〃)	未払法人税等	23,236

(注) 法人税等の金額

31,744千円(整理前T／Bの法人税等)＋306千円(源泉徴収税額)＝32,050千円

⑶ 事業税の税効果会計

(借)	法人税等調整額	789千円	(貸)	繰延税金資産	789千円
(借)	繰延税金資産	930千円	(貸)	法人税等調整額	930千円

(注) 税効果の計算

① 前期分

2,630千円(前期末の未払事業税)×0.30＝789千円

② 当期分

{7,180千円(事業税の確定年税額)－4,080千円(中間納付額)}×0.30＝930千円

⑷ 解答の金額

◇ 繰延税金資産

繰延税金資産

(単位：千円)

整理前T/Bの繰延税金資産	26,544	貸倒引当金	1,467
貸倒引当金	1,239	その他有価証券	180
その他有価証券	360	その他有価証券(将来加算一時差異)	960
減損損失	5,400	賞与引当金	4,134
賞与引当金	4,632	退職給付引当金	14,394
退職給付引当金	16,815	役員退職慰労引当金	5,580
役員退職慰労引当金	6,570	未払事業税	789
未払事業税	930	貸借対照表の金額	34,986
	62,490		62,490

◇　法人税等調整額

法人税等調整額

（単位：千円）

会計方針の変更	1,650	貸倒引当金	1,239
貸倒引当金	1,467	減損損失	5,400
賞与引当金	4,134	賞与引当金	4,632
退職給付引当金	14,394	退職給付引当金	16,815
役員退職慰労引当金	5,580	役員退職慰労引当金	6,570
未払事業税	789	未払事業税	930
損益計算書の金額	7,572		
	35,586		35,586

◇　公租公課：4,213千円（整理前T／Bの公租公課）＋2,380千円（事業税の付加価値割及び資本割の確定額）＝6,593千円

◇　雑収入：827千円（整理前T／Bの雑収入）+189千円（消費税）＝1,016千円

(5)　繰越利益剰余金

41,686千円（整理前T／Bの繰越利益剰余金）－3,850千円（会計方針の変更に伴う累積的影響額）－4,000千円（配当金）+107,853千円（当期純利益）＝141,689千円

東京CPA解答・解説

東京CPA会計学院講師からの応援メッセージ

それぞれの目標に向けて，これからラストスパートをかける時期だと思います。これから過ごす１分１秒を今まで以上に大切にかつ丁寧に過ごして頂き，自分の底力を信じて，最後まで全力疾走で駆け抜けましょう！

PROFILE

当校は「考える会計教育」を標榜し，暗記学習やパターン学習から脱却し，常に受験生に「なぜ，どうして」を考えることを指導しています。また，講義終了後も問題演習等のフォローを通じて，受験生に対するきめの細かい指導をこころがけています。

第３回
瑞穂会
出題者の意図

〔全　体〕

最近の出題傾向を見ると，新しい論点と伝統的な会計理論が問われており，幅広い範囲から出題されています。そこで，計算問題は，応用論点として未着品，退職給付引当金，自己株式を出題し，基礎論点には，収益認識の範囲から商品券の処理を主に，出題可能性が高い問題を中心に作成しました。

〔第 一 問〕

第一問は貸借対照表及び資産の評価を中心に出題しました。伝統的な期間損益計算の会計思考に基づいて理論問題が構成されています。過去の本試験では，企業会計原則の一部が出題された実績を踏まえて，貸借対照表原則，繰延資産の繰延処理の根拠，取得原価主義の根拠について出題しています。また，棚卸資産の評価に関する会計基準から，正味売却価額及び再調達原価等，資産の評価に関連する論点を本問で取り扱うことにしました。

〔第 二 問〕

第二問は引当金及び負債会計の伝統的な会計理論を中心に問題を構成しています。財務諸表論は理論の考え方が問われるため，引当金の計上根拠，引当金と積立金，減価償却累計額の相違点について出題しました。また，過去の本試験で，計算問題も問われているため，退職給付に係る問題を取り扱うことにしました。こちらは，２回転目以降に解答（特に連結会計の論点）ができれば問題ありません。引当金については，費用収益対応の原則，発生主義の原則という伝統的な会計理論の根幹となる論点のため，しっかりと解答できるように復習をしてください。

〔第 三 問〕

第三問の総合問題は，出題可能性の高い会社法及び会社計算規則に準じた財務諸表の作成を出題しました。比較的基本的な論点を出題していますが，一部応用論点も取り入れて問題が構成されています。

まず，決算では現金の実査を行いますので，問題文に雑損失または雑収入の処理に関して記載がなくても解答できるようにしましょう。問題文に記載されている金額の単位についても注意が必要です。また，本問は特殊商品売買として，未着品を取り入れつつ，さらに，有価証券から事業分離（投資の清算）を問う問題があります。投資の継続に関する問題も復習してください。退職給付引当金は，過去の本試験に出題した勤務費用を逆算で計算する類似問題です。

２回転目では繰延税金資産や法人税等調整額についても点数を獲得できるように学習を進めてください。

財務諸表論は原則，計算問題を40点以上取れるように学習してください。本問では２回転目から40点以上を目指しましょう。

合格ライン

全　体：ボーダーラインは**61点**，合格確実ラインは**69点以上**
第一問：ボーダーラインは**14点以上**，合格確実ラインは**16点以上**
第二問：ボーダーラインは**12点以上**，合格確実ラインは**16点以上**
第三問：ボーダーラインは**35点以上**，合格確実ラインは**37点以上**（2回転目からは40点以上）

解　答

☆　解答してほしい論点　18
★　解答しなくても問題ない論点　3点
無印　解答できると差がつく論点　4点

〔第 一 問〕 －25点－

問1

a	b	c	d	e
財政状態 ☆❶	貸借対照表日 ❶	資　産 ☆❶	負　債 ☆❶	株　主 ☆❶
f	g	h	i	
正規の簿記の原則 ❶	区　分 ☆❶	配　列 ☆❶	分　類 ☆❶	

問2

収益・未収入，支出・未収入	オ　☆❷
支出・未費用	イ　☆❷

問3

収益・未収入，支出・未収入	イ・ウ ❶
支出・未費用	ア・エ・オ❶

問4

費用収益対応の原則①に根拠を求めることができる。将来の期間に影響する特定の費用は，その支出等の効果が当期のみならず，次期以降にわたるものと予測される場合，**効果の発現という事実**①を重視し，**効果の及ぶ期間にわたる費用として配分**①されるため，将来の**収益との対応関係**①にあることから，繰延経理が認められる。　☆❹

問5

再調達原価　★❶

問6

正味売却価額	会　計　処　理
△ 30千円 ★❶	正味売却価額がマイナスとなり，棚卸資産の帳簿価額が存在しない場合でも，マイナスの正味売却価額を反映させるため**引当金による損失計上が行われることがある**①。　★❶

問7

株主から拠出された資本を運用し，貨幣から財貨，続いて再び貨幣へ循環する。この資本循環過程において，株主から**投下された貨幣資本を維持したうえでの回収余剰**①，すなわち，**分配可能利益**①を確定させるために取得原価主義の根拠がある。☆❷

問8

流動性配列法　☆❶

〔第 二 問〕 －25点－

☆　解答してほしい論点　13
★　解答しなくても問題ない論点　2点
無印　解答できると差がつく論点　10点

問1

a	b	c	d
費　用 ☆（a･b 2つ正答で❶）	損　失 ☆（a･b 2つ正答で❶）	当期以前の事象に起因 ☆❶	発生の可能性 ☆❶
e	f	g	
合理的に見積る ❶☆	負　債 ❶	資　産 ❶	

問2 （解答の順序は問わない）

費用収益対応の原則　☆❶	発生主義の原則　☆❶

問3

負債性引当金は，**適正な期間損益計算**①を行うために計上されるものであり，将来の特定の費用又は損失のうち当期に発生したと認められる金額を合理的に**見積り借方に費用，貸方に負債として計上**①される。一方で，積立金は企業の経営政策から，企業拡張，予測できない事象に備える等，特定の目的のために**利益処分を通じて企業内に留保された資本**①という性格を有している。☆❸

問4

両者の相違点は，評価額が**見積額か実際額**①かにある。引当金は，将来の特定の費用又は損失のうち，**当期に発生したと認められる金額を合理的に見積り算定**①する。減価償却累計額は，有形固定資産の**取得原価を耐用期間に応じて各事業年度に費用配分した累計額であり，実際額**①に基づいて算定する。❸

問5

修繕引当金の計上は認められない。機械は購入予定のため当期以前に起因した事象でなく，修繕費の発生の可能性も不確実であり，引当金の要件を満たしていない。 ❶

問6

a	b	c	d	e
前払年金費用 ☆❶	退職給付に係る負債 ❶	退職給付に係る資産 ❶	2,300 ☆❶	4,200 ☆❶

f	g	h
300 ☆❶	200 ❶	1,680 ❶

問7

ア ★❶

瑞穂会解答・解説

〔第 三 問〕 －50点－

☆	解答してほしい論点 27
★	解答しなくても問題ない論点 2点
無印	解答できると差がつく論点 21点

問1 甲社（第101期）の貸借対照表と損益計算書

貸 借 対 照 表

2024年3月31日現在　　　　（単位：千円）

資産の部			負債の部		
科目		金額	科目		金額
Ⅰ 流動資産		（269,114）	Ⅰ 流動負債		（244,985）
現金及び預金	❶	（53,900）	支払手形	☆❶	（58,400）
受取手形		（81,000）	買掛金	☆❶	（127,020）
売掛金		（88,000）	短期借入金		（11,500）
有価証券		（1,679）	未払金		（500）
商品	❶	（32,800）	（リース債務）	☆❶	（204）
未着品	❶	（7,500）	契約負債		（200）
貯蔵品	☆❶	（80）	未払費用		（3,000）
（未収収益）	❶	（1,355）	未払消費税等	☆❶	（6,290）
（為替予約）	❶	（300）	未払法人税等	☆❶	（3,987）
短期貸付金		（6,000）	賞与引当金		（20,000）
貸倒引当金	△☆❶	（3,500）	その他流動負債		13,884
Ⅱ 固定資産		（4,314,040）	Ⅱ 固定負債		（210,643）
有形固定資産		（4,136,035）	社債	❶	（139,614）
建物		（409,600）	退職給付引当金		（58,255）
機械装置		（39,075）	リース債務		（210）
車両運搬具	❶	（3,726）	長期借入金	❶	（10,000）
器具備品		（18,458）	資産除去債務	☆❶	（2,564）
リース資産		（407）	**負債合計**		（455,628）
土地	☆❶	（3,664,769）	純資産の部		
無形固定資産		（36,400）	Ⅰ 株主資本		（4,126,448）
ソフトウェア	❶	（36,400）	資本金	❶	（900,000）
投資その他の資産		（141,605）	資本剰余金		（293,500）
投資有価証券	❶	（72,065）	資本準備金		（101,700）
関係会社株式		（10,500）	その他資本剰余金		（191,800）
（長期性預金）	☆❶	（30,000）	利益剰余金		（2,937,228）
（破産更生債権等）	☆❶	（5,300）	利益準備金	☆❶	（122,900）
差入保証金		（200）	繰越利益剰余金		（2,814,328）
繰延税金資産	★❶	（26,160）	自己株式	△❶	（4,280）
金利スワップ資産		（80）	Ⅱ 評価・換算差額等		（1,078）
貸倒引当金	△	（2,700）	その他有価証券評価差額金	☆❶	（1,022）
			繰延ヘッジ損益	☆❶	（56）
			純資産合計		（4,127,526）
資産合計		（4,583,154）	負債及び純資産合計		（4,583,154）

損益計算書

自2023年4月1日　至2024年3月31日　（単位：千円）

科目	金額	
売上高		（❶ 3,137,000）
売上原価		（❶ 1,366,700）
売上総利益		（1,770,300）
販売費及び一般管理費		（1,744,444）
営業利益		（25,856）
営業外収益		
受取利息及び配当金	（☆❶ 4,720）	
有価証券利息	（☆❶ 4,626）	
（有価証券評価益）	（❶ 139）	（9,485）
営業外費用		
社債利息	（4,744）	
支払利息	（☆❶ 364）	
為替差損	（❶ 2,513）	
（貸倒引当金繰入）	（120）	
（支払手数料）	（❶ 40）	
（株式交付費）	（❶ 48）	
雑損失	（❶ 20）	（7,849）
経常利益		（27,492）
特別利益		
（移転利益）	（❶ 500）	
（社債償還益）	（❶ 434）	（934）
特別損失		
（貸倒引当金繰入）	（☆❶ 50）	
（関係会社株式評価損）	（☆❶ 20,000）	
固定資産売却損	（675）	（20,725）
税引前当期純利益		（7,701）
法人税，住民税及び事業税	（6,220）	
法人税等調整額	（△ 3,267）	（★❶ 2,953）
当期純利益		（4,748）

瑞穂会解答・解説

問2　販売費及び一般管理費の明細

（単位：千円）

科　目	金　額
給与及び賞与	（ ☆❶ 1,618,628 ）
（退職給付費用）	（ ☆❶ 6,305 ）
賞与引当金繰入	（ 20,000 ）
減価償却費	（ ☆❶ 43,890 ）
広告宣伝費	（ 4,900 ）
旅費交通費	（ 4,870 ）
支払家賃	7,200
租税公課	（ 3,372 ）
通信費	（ 3,160 ）
支払手数料	（ ☆❶ 22,000 ）
貸倒引当金繰入	（ ☆❶ 480 ）
ソフトウェア償却	（ 5,600 ）
貸倒損失	（ 1,300 ）
（利息費用）	（ ☆❶ 74 ）
修繕費	（ 587 ）
その他	（ 2,078 ）
合　計	（ 1,744,444 ）

問3

a	b	c
キャッシュ・フロー	☆❶ 一般に公正妥当	明瞭に表示

d	e
☆❶ 毎期継続	みだりに

解　説

〔第 一 問〕

本問は企業会計原則第三貸借対照表原則及び資産の評価等について問う問題である。

問1　企業会計原則第三貸借対照表原則より引用したものである。

> **第三　貸借対照表原則**
>
> 一　貸借対照表は，企業の財政状態を明らかにするため，貸借対照表日におけるすべての資産，負債及び資本を記載し，株主，債権者その他の利害関係者にこれを正しく表示するものでなければならない。ただし，正規の簿記の原則に従つて処理された場合に生じた簿外資産及び簿外負債は，貸借対照表の記載外におくことができる。（注1）
>
> ［資産・負債・資本の記載の基準］
>
> A　資産，負債及び資本は，適当な区分，配列，分類及び評価の基準に従つて記載しなければならない。

問2　資産の分類について問う問題である。資産を，将来の期間に利用可能な価値（サービスポテンシャルズ）と捉えれば，貸借対照表は期間損益計算と期間収支計算のズレから生じる未解消項目を収容する場としての役割を有する。そこで，資産を取得原価で評価する費用性資産と回収可能額で評価する貨幣性資産に分類することができる。「支出・未費用」項目は未だ費用となっておらず，将来の収益獲得へ役立つと期待されるものであるため，費用性を有する資産として分類できる（武田隆二（2008）『最新　財務諸表論　第11版』中央経済社，451-455頁）。

また，「収益・未収入」項目と「支出・未収入」項目は未だ収入となって解消しないため，将来の期間に対する役立ちを有していると解されることから，貨幣性を有する資産として分類できる（武田隆二（2008）『最新　財務諸表論　第11版』中央経済社，451-455頁）。

問3　資産の評価替えを問う問題である。資産を，将来の期間に利用可能な価値（サービスポテンシャルズ）と捉えれば，費用性資産は将来の経営活動に役立つ有効な原価を表している。将来収益を獲得する能力が原価を下回り，資産の用益潜在力が喪失した事実が認められれば，その喪失分を切り捨てなければならない（武田隆二（2008）『最新　財務諸表論　第11版』中央経済社，451-455頁）。

例えば，店先に商品を陳列させたことにより損傷が生じた商品の低価評価損，予見できなかった新技術の開発等の外的事情で，有形固定資産の機能が著しく減価した場合に行われる臨時的な減価償却，災害等で有形固定資産の実体が滅失，その滅失部分の取得原価に対応する金額だけ資産の評価額を切り下げる評価減等がある。災害，事故等の偶発的事情によって固定資産の実体が滅失した場合には，その滅失部分の金額だけ当該資産の簿価を切り下げねばならない。かかる切下げは臨時償却に類似するが，その性質は臨時損失であって，減価償却とは異なる（大蔵省企業会計審議会中間報告（1960）企業会計審議会「企業会計原則と関係諸法令との調整に関する連続意見書」，

連続意見書第三　有形固定資産の減価償却について」)。

貨幣性資産のうち「未収入」項目は将来の資産受入価値（回収可能額）を表している。そこで，回収可能性に回収不能の事実が認められる場合には，回収不能分の切捨てが行われる。例えば，売上債権に対する貸倒引当金の設定，売買目的有価証券の取得原価よりも時価が下落した時に行う評価損の計上等がある。回収不能分は収益に負担（あるいは費用の発生）をさせなければならない（武田隆二（2008）『最新　財務諸表論　第11版』中央経済社，451-455頁）。

問4　繰延資産の取扱いについて問う問題である。大蔵省企業会計審議会中間報告（1960）企業会計審議会「企業会計原則と関係諸法令との調整に関する連続意見書」第五には次のように繰延経理の根拠が示されている。

「㈠　ある支出が行なわれ，また，それによって役務の提供を受けたにもかかわらず，支出もしくは役務の有する効果が，当期のみならず，次期以降にわたるものと予想される場合，効果の発現という事実を重視して，効果の及ぶ期間にわたる費用として，これを配分する。

㈡　ある支出が行なわれ，また，それによって役務の提供を受けたにもかかわらず，その金額が当期の収益に全く貢献せず，むしろ，次期以降の損益に関係するものと予想される場合，収益との対応関係を重視して，数期間の費用として，これを配分する。」

上記のとおり，第１の根拠として「効果の発現という事実」，第２の根拠として「収益との対応関係」をあげている。しかし，この２つの根拠については，「効果の発現という事実」は事象を意味し，「収益との対応関係」は数的関連を指していることから，同一の根拠を異なる側面から表現しているにすぎない。そのため，繰延経理の根拠は「効果が将来の期間に及ぶという事実」，費用収益対応の原則に求められなければならない（武田隆二（2008）『最新　財務諸表論　第11版』中央経済社，565頁）。

収益と費用との関連を律する最も基本的な原則が費用収益対応の原則であり，これに基づき具体的な費用量として計量化する原則が発生主義の原則であり，この発生主義の原則の具体的な適用形式が費用配分の原則である。繰延資産は，上記の原則に基づき資産計上が容認されるが，計算擬制的資産であるため，換金能力という視点から資産性が与えられたものではない（武田隆二（2008）『最新　財務諸表論　第11版』中央経済社，566頁）。

問5　再調達原価による評価を問う問題である。再調達原価とは，「購買市場と売却市場とが区別される場合における購買市場の時価に，購入に付随する費用を加算したものをいう。」（企業会計基準委員会（2008）「企業会計基準第９号『棚卸資産の評価に関する会計基準』」６項）。

また，同会計基準に「製造業における原材料等のように再調達原価の方が把握しやすく，正味売却価額が当該再調達原価に歩調を合わせて動くと想定される場合には，継続して適用することを条件として，再調達原価（最終仕入原価を含む。以下同じ。）によることができる。」と示されており，基準上において認められた評価方法である。継続適用を求めるのは，訴訟により，基準に沿って処理しているか否かの立証を企業側の立証責任として負担させる場面が想定される（武田隆二（2008）『最新　財務諸表論　第11版』中央経済社，530頁）。

同会計基準には，通常の販売目的で保有する棚卸資産は取得原価をもって貸借対照表価額とし，取得原価が正味売却価額を下回る場合は，正味売却価額をもって貸借対照表価額とするとされている（企業会計基準委員会（2008）「企業会計基準第９号『棚卸資産の評価に関する会計基準』」７項）。

仮に，再調達原価よりも正味売却価額の方が低ければ，再調達原価までの評価を切り下げても足らず，再調達原価は有効な原価の尺度として妥当ではないと考えることができる（番場嘉一郎（1963）『棚卸資産会計』国元書房，887頁）。

問6　正味売却価額を問う問題である。正味売却価額がマイナスになる場合，「見積追加製造原価及び見積販売直接経費が売価を超えるときには，正味売却価額はマイナスとなるが，その場合には，棚卸資産の帳簿価額をゼロまで切り下げたとしても，当該マイナス部分については，反映できない。 例えば，売価100，見積追加製造原価及び見積販売直接経費120，仕掛品の帳簿価額30の場合，正味売却価額はマイナス20であり，簿価切下額は50となる。収益性の低下により仕掛品の帳簿価額30をゼロまで切り下げたとしても，残る20の損失は認識されない。このように，切り下げるべき棚卸資産の帳簿価額が存在しない場合でも，マイナスの正味売却価額を反映させるため引当金による損失計上が行われることがある。これらについては，企業会計原則注解（注18）との関連で別途扱うべき問題であると考えられる。」（企業会計基準委員会（2008）「企業会計基準第９号『棚卸資産の評価に関する会計基準』」44項）と示されている。

問7　取得原価主義の根拠を利益計算の視点から問う問題である。武田隆二（2008）では取得原価主義の根拠について次のように述べられている。「取得原価主義は貨幣資本利益計算という会計目的から正当化される（内生的根拠）。すなわち，株主の出資資本は貨幣資本の形態をとり，資本運用の過程で貨幣から財貨へ，続いて再び貨幣へと循環する。この資本循環過程において，株主の提供せる投下貨幣資本の維持をこえて稼得せる利益（貨幣資本利益）を確定することに会計の目的がおかれている。」（武田隆二（2008）『最新　財務諸表論　第11版』中央経済社，456頁）。

取得原価主義は，株主から拠出された貨幣資本を維持し，それを超える回収余剰，すなわち，分配可能利益を算定することに根拠があることがわかる。また，取得原価主義によれば，取引データに基づいた実際の金額により評価されるため，検証可能性を有しており，客観性または確実性という視点からも根拠を示すことができる。例えば，財の値上がりに基づく評価益（未実現利益）が貨幣資本に混入しない。

問8　貸借対照表の配列法を問う問題である。我が国の企業会計原則第三　貸借対照表原則三には，「資産及び負債の配列は，原則として，流動性配列法によるものとする」（企業会計制度対策調査会（1949）「企業会計原則」）と示されている。流動性配列法は，流動性の高い資産及び負債から表示をする配列法である。流動性とは，現金化するタイミングが早いものから先に配列するという意味である（番場嘉一郎（1986）『詳説　企業会計原則（全訂版）』森山書店，220頁）。また，正常営業循環基準及び一年基準を踏まえた配列が求められる。一方で，固定性配列法は，電力会社等の限定的な業種で認められている。企業会計ではないが，地方公会計上，都道府県または市町村の財務書類は固定性配列法で公開されている。

〔第 二 問〕

本問は引当金について問う問題である。

問 1 本問は，企業会計原則注解18引当金について（以下，注解18とする。）からの引用である。

> 将来の特定の費用又は損失であって，その発生が当期以前の事象に起因し，発生の可能性が高く，かつ，その金額を合理的に見積ることができる場合には，当期の負担に属する金額を当期の費用又は損失として引当金に繰入れ，当該引当金の残高を貸借対照表の負債の部又は資産の部に記載するものとする。

問 2 引当金処理の特性について問う問題である。引当金は，期間損益計算の適正化から計上が求められている。将来の特定の費用又は損失は当期に発生が認められるが，その具体的な事象は当期以降に生じるため，見積りにより金額を算定する。費用収益対応の原則に基づき財貨費消として認識されたものを，発生主義の原則により，計量化したものに対して設定される貸方科目であるという点に引当金の共通する特性がある（武田隆二（2008）『最新　財務諸表論　第11版』中央経済社，581頁）。損失性引当金の視点からすれば，保守主義の原則も引当金処理をする特性と考えることができる。

問 3 負債性引当金と積立金の相違点について問う問題である。引当金は，適正な期間損益計算を行うために設定される。将来の特定の費用又は損失のうち，当期の負担に属する金額を算出して，借方には費用，貸方には負債が計上される。限定的ではあるが，法人税法上においても貸倒引当金の計上は繰入限度額まで認めている（国税庁HP：https://www.nta.go.jp/taxes/shiraberu/taxanswer/hojin/5501.htm，アクセス2023年12月 4 日。）。積立金は，企業の拡張，予見することのできない災害等により生じる損失の補填に備えて，結果として計算された利益の処分を通じて企業内に留保された資本としての性格を有する（武田隆二（2008）『最新　財務諸表論　第11版』中央経済社，598頁）。

問 4 引当金と減価償却累計額の相違点を問う問題である。引当金は，将来の特定の費用又は損失のうち，当期の負担に属する金額を合理的に算出した見積額である。一方，減価償却累計額は，有形固定資産の取得原価または歴史的原価を，定額法，定率法，生産高比例法等の配分法で耐用期間にわたり各事業年度に費用配分した過年度の累計額である。1982年 4 月に企業会計原則の一部修正が行われ，減価償却引当金（評価性引当金）から，減価償却累計額に名称変更がなされ引当金から外された経緯がある。連続意見書第三には減価償却引当金に関する取扱いが記載されている。

問 5 引当金の要件を問う問題である。引当金は将来の特定の費用又は損失であり，その発生が当期以前の事象に起因していることが要件である。本問の例題では，翌期に購入予定の機械と記載されているため当期以前の事象に起因していないことから，引当金の要件を満たしていない。また，発生の可能性について不確実であるため，金額を合理的に見積ることは困難であると考えられる。以上のことから，本問の例題では，引当金の要件を満たしてないため設定することができない

（武田隆二（1982）『簿記Ⅱ<決算整理と特殊販売>改訂版』税務経理協会，99-100頁）。

問6　退職給付引当金の表示科目と計算について問う問題である。以下は，企業会計基準第26号退職給付に関する会計基準の引用である。

> **企業会計基準第26号　退職給付に関する会計基準**
> **「確定給付制度の開示」**
> 表示
> 74. 退職給付に係る負債（又は資産）及び退職給付費用の表示については，平成10年会計基準の取扱いを踏襲しているが，将来の退職給付のうち当期の負担に属する額を当期の費用として引当金に繰り入れ，当該引当金の残高を負債計上額としていた従来の方法から，これらにその他の包括利益を通じて認識される，未認識数理計算上の差異や未認識過去勤務費用に対応する額も負債計上額に加える方法に変更した（第55項参照）ことに伴い，「退職給付引当金」及び「前払年金費用」という名称を，それぞれ「退職給付に係る負債」及び「退職給付に係る資産」に変更している（第27項参照）。なお，個別財務諸表においては，当面の間，この取扱いを適用せず，従来の名称を使用することに留意が必要である（第39項(3)及び第86項から第89項参照）。
>
> 例えば，個別貸借対照表の場合，期首退職給付債務70,000千円，期首年金資産65,000千円，前期の数理計算上の差異発生額3,000千円（割引率引き下げにより生じ，前期から平均残存勤務期間10年で定額により償却を行っている。）では，期首の退職給付引当金は2,300千円となる。当期の勤務費用3,450千円，割引率２％，長期期待運用収益率１％であれば，数理計算上の差異の費用額を度外視すると退職給付費用が4,200千円増加する。
> 退職一時金及び年金基金への拠出額7,000千円を支払い，費用処理された数理計算上の差異300千円を考慮すると，期末の前払年金費用は200千円となる。連結貸借対照表の場合には，税効果会計考慮後（法人税等の実効税率30%とする。）における退職給付に係る調整累計額△1,680千円が表示される。

退職給付に係る表示科目と計算についても問われている。まず，期首退職給付引当金を計算する。そのためには，前期に発生した数理計算上の差異が借方差異または貸方差異のいずれかであるかを読み取る必要がある。ポイントになるのは，「割引率引き下げにより生じた」差異であるという部分である。割引率を引き下げると従来と比べて金額が増加する。例えば，１年後の支出見込額10,000円を割引率１％，10%のそれぞれで現在価値を計算すると，１％の場合は，10,000円÷1.01≒9,900円，10%では10,000÷1.1≒9,090円となり，１％の方が10%に比べて現在価値が高いことがわかる。

つまり，割引率の引き下げは借方差異となる。また，問題文に示されている数理計算上の差異は発生額であり，未認識数理計算上の差異（未償却額）ではないため，前期に償却した金額を差し引かなければならない。発生額3,000千円を平均残存勤務期間10年で割ると3,000千円÷10年＝300千円となる。当期首時点の未認識数理計算上の差異は3,000千円－300千円＝2,700千円と算出できる。期首退職給付引当金の残高は，期首退職給付債務70,000千円から期首年金資産65,000千円，未認識数理計算上の差異2,700千円を差し引き2,300千円と計算ができる。

次に，退職給付費用であるが次のような会計処理が行われる。

(借) 退職給付費用	4,200	(貸) 退職給付引当金*1	4,200

＊1　利息費用　期首退職給付債務 70,000千円×２％＝1,400千円

期待運用収益　期首年金資産 65,000千円×１％＝650千円

退職給付費用　勤務費用 3,450千円＋1,400千円－650千円＝4,200千円

続いて，退職一時金及び年金基金への拠出額7,000千円と費用となる数理計算上の差異300千円の会計処理を行う。

(借) 退職給付引当金	7,000	(貸) 現金預金	7,000

(借) 退職給付費用	300	(貸) 退職給付引当金	300

退職給付引当金の残高は次のとおりである。

退職給付引当金

借方		貸方	
退職一時金拠出額	7,000	期首	2,300
		退職給付費用	4,200
期末	△200		300

退職給付引当金の期末残高がマイナス200千円となるため，貸借対照表に前払年金費用として固定資産に表示する。決算組替仕訳をすると次のようになる。

(借) 前払年金費用	200	(貸) 退職給付引当金	200

連結財務諸表では，退職給付引当金または前払年金費用を退職給付に係る負債または退職給付係る資産として表示する。まず，個別財務諸表に表示されている前払年金費用を退職給付に係る資産とする連結修正仕訳を行う。

(借) 退職給付に係る資産	200	(貸) 前払年金費用	200

次に，数理計算上の差異2,700千円を退職給付に係る負債とする開始仕訳を行う。

(借) 繰延税金資産*1	810	(貸) 退職給付に係る負債	2,700
退職給付に係る調整累計額*2	1,890		

＊1　2,700千円×30％＝810千円

＊2　2,700千円×（１－30％）＝1,890千円

さらに，差異が解消された300千円について連結修正仕訳を行う。

(借) 退職給付に係る負債	300	(貸) 繰延税金資産	90
		退職給付に係る調整額 (退職給付に係る調整累計額)	210

＊1　300千円×30％＝90千円

＊2　300千円×（1－30％）＝210千円

上記の計算結果から，退職給付に係る調整累計額は 1,890千円－210千円＝1,680千円と計算される。

問7　退職給付の性格を問う問題である。企業会計審議会（1998）が公表した「退職給付に係る会計基準の設定に関する意見書」には，退職給付の性格について次のように示されている。「退職給付の性格に関して，賃金後払説，功績報償説，生活保障説といったいくつかの考え方を示しつつ，『企業会計においては，退職給付は基本的に労働協約等に基づいて従業員が提供した労働の対価として支払われる賃金の後払いである』という考え方に立っている。退職給付の性格については，社会経済環境の変化等により実態上は様々な捉え方があるが，今般の会計基準の検討にあたっては，退職給付は基本的に勤務期間を通じた労働の提供に伴って発生するものと捉えることとした。

このような捉え方に立てば，退職給付は，その発生が当期以前の事象に起因する将来の特定の費用的支出であり，「当期の負担に属すべき退職金の金額は，その支出の事実に基づくことなく，その支出の原因又は効果の期間帰属に基づいて費用として認識する」との企業会計における従来の考え方は，企業年金制度による退職給付についても同じく当てはまると考えられる。したがって，退職給付はその発生した期間に費用として認識することが必要である。

なお，役員の退職慰労金については，労働の対価との関係が必ずしも明確でないことから，本基準が直接対象とするものではない。

瑞穂会解答・解説

<参考文献>

【1】岩田巖（1956）『利潤計算原理』同文舘

【2】武田隆二（1991）『簿記Ⅰ<簿記の基礎>4訂版』税務経理協会

【3】武田隆二（1991）『簿記Ⅱ<決算整理と特殊販売>4訂版』税務経理協会

【4】武田隆二（2008）『簿記一般教程　第7版』中央経済社

【5】武田隆二（2008）『最新　財務諸表論　第11版』中央経済社

【6】沼田嘉穂（1956）『簿記教科書』同文舘

【7】番場嘉一郎（1963）『棚卸資産会計』国元書房

【8】番場嘉一郎（1986）『詳説　企業会計原則（全訂版）』森山書店

【9】安平昭二（1979）『精説　簿記原理』中央経済社

【10】企業会計制度対策調査会（1949）「企業会計原則」

【11】大蔵省企業会計審議会中間報告（1960）「企業会計審議会『企業会計原則と関係諸法令との調整に関する連続意見書』」

【12】企業会計審議会（1998）「退職給付に係る会計基準の設定に関する意見書」

【13】企業会計基準委員会（2016）「企業会計基準第26号『退職給付に関する会計基準』」

【14】企業会計基準委員会（2019）「企業会計基準第9号『棚卸資産の評価に関する会計基準』」

【15】企業会計基準委員会（2020）「企業会計基準第24号『会計方針の開示，会計上の変更及び誤謬の訂正に関する会計基準』」

【16】中央経済社編（2023）『新版　会計法規集〈第13版〉』中央経済社

〔第 三 問〕(単位：千円)

本問は会社法及び会社計算規則に準拠した財務諸表の作成と連結財務諸表原則の一般原則について問う総合問題である。

1 現金及び預金に関する事項

(1) 現 金

配当金領収証の未記帳

(借)	現金預金	70	(貸)	受取配当金	70

支払期日到来済みの利札(D社)の未記帳

(借)	現金預金	730	(貸)	有価証券利息	730

貯蔵品の振り戻し

(借)	租税公課	16	(貸)	貯蔵品	96
	通信費	80			

貯蔵品の計上

(借)	貯蔵品	80	(貸)	租税公課	10
				通信費	70

現金の実査

(借)	雑損失＊1	20	(貸)	現金預金	20

＊1 修正前現金帳簿残高：80,907千円 − 20,000千円(AAA当座預金) − △6,713千円(DDD当座預金) − 6,300千円(普通預金) − 55,000千円(定期預金) = 6,320千円

※ 普通預金等の帳簿残高は(2)以降で求める。

現 金

帳簿残高	**6,320**	普通預金	600
受取配当金	70		
有価証券利息	730	修正後帳簿残高	6,520

現 金(実査)

通貨・小切手	5,700		
受取配当金	70		
有価証券利息	730		6,500

△20千円

(2) 普通預金

未記帳

(借)	現金預金(普通預金)	600	(貸)	現金預金(現金)	600

※ 普通預金の帳簿残高6,300千円は問題文のC銀行通帳24-04-01のお預り金額600を記入し，逆算して求める。

(3) 当座預金

① AAA銀行

(イ) 旅費交通費・広告宣伝費の未処理

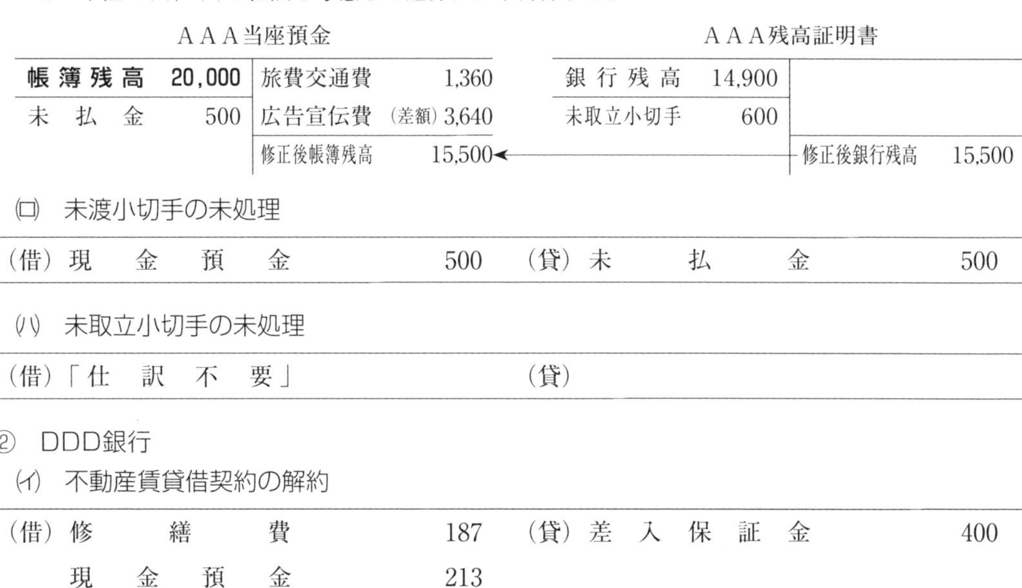

(借)		(貸)	
旅費交通費	1,360	現金預金	5,000
広告宣伝費＊1	3,640		

＊1 下記の(ロ), (ハ)の仕訳を考慮して逆算により計算する。

AAA当座預金

帳簿残高	**20,000**	旅費交通費	1,360
未払金	500	広告宣伝費 (差額)	3,640
		修正後帳簿残高	15,500

AAA残高証明書

銀行残高	14,900		
未取立小切手	600		
		修正後銀行残高	15,500

(ロ) 未渡小切手の未処理

(借)		(貸)	
現金預金	500	未払金	500

(ハ) 未取立小切手の未処理

(借)		(貸)	
「仕訳不要」			

② DDD銀行

(イ) 不動産賃貸借契約の解約

(借)		(貸)	
修繕費	187	差入保証金	400
現金預金	213		

(ロ) 未取付小切手の未処理

(借)		(貸)	
「仕訳不要」			

当座借越

(借)		(貸)	
現金預金＊1	6,500	短期借入金	6,500

＊1

DDD当座預金

帳簿残高 (差額)	△6,713		
差入保証金	213		
		修正後帳簿残高	△6,500

DDD残高証明書

銀行残高	500	未取付小切手	7,000
		修正後銀行残高	△6,500

(4) 定期預金

長期性預金

(借)		(貸)	
長期性預金	30,000	現金預金	30,000

未収利息

(借)		(貸)	
未収収益＊1	625	受取利息	625

＊1 25,000千円 × 3％ × $\frac{10カ月}{12カ月}$ = 625千円

2　売上債権及び貸倒引当金に関する事項

(1)　手形貸付金

(借)	短期貸付金	6,000	(貸)	受取手形	6,000

(2)　商品券の使用

(借)	契約負債	300	(貸)	一般売上	300

(3)　破産更生債権等（D社）

(借)	破産更生債権等	5,300	(貸)	受取手形	3,800
				売掛金	1,500

(4)　貸倒引当金の減少

(借)	貸倒引当金	300	(貸)	貸倒損失	300

(5)　貸倒引当金の設定（特別損失）

(借)	貸倒引当金繰入＊1	50	(貸)	貸倒引当金	50

＊1　5,300千円－2,600千円＝2,700千円（貸倒引当金）
　　2,700千円－2,650千円＝50千円

(6)　一般債権（営業債権）販売費及び一般管理費

(借)	貸倒引当金繰入＊1	480	(貸)	貸倒引当金	480

＊1　貸倒実績率を計算する。

$$\left(\frac{2{,}400千円}{80{,}000千円}+\frac{2{,}600千円}{130{,}000千円}+\frac{1{,}600千円}{160{,}000千円}\right)\div 3年=2\%$$

（90,800千円－6,000千円（受取手形）－3,800千円＋89,500千円（売掛金）－1,500千円）×２％＝3,380千円（貸倒引当金）
　3,380千円－（5,850千円－300千円－2,650千円）＝480千円

(7)　一般債権（営業外債権）営業外費用

(借)	貸倒引当金繰入＊1	120	(貸)	貸倒引当金	120

＊1　6,000千円（短期貸付金）×２％＝120千円（貸倒引当金）

(8)　税効果会計

(借)	繰延税金資産＊1	1,860	(貸)	法人税等調整額	1,860

＊1　（2,700千円＋3,380千円＋120千円）×30％＝1,860千円

3　棚卸資産に関する事項

(1)　荷為替手形

(借)	為替差損益＊1	800	(貸)	支払手形	800

＊1　（400千ドル×146円）－57,600千円＝800千円

(2) 為替予約（独立処理）

（借）	買掛金＊1	600	（貸）為替差損益	600
	為替予約＊2	300	為替差損益	300

＊1　直物差額　300千ドル×（148円－146円）＝600千円
　　先物差額　300千ドル×（145円－144円）＝300千円

(3) 買掛金

（借）	買掛金＊1	570	（貸）為替差損益	570

＊1　128,190千円－（300千ドル×148円）＝83,790千円
　　（570千ドル×146円）－83,790千円＝△570千円

(4) 期末商品の評価（手許商品）

（借）	仕入	70,000	（貸）繰越商品	70,000
	繰越商品＊1	33,750	仕入	33,750

＊1　一般販売の原価率を下記のように計算する。問題上，期末商品棚卸高の原価を求めなければならない。期首商品棚卸高と当期仕入高の合計額，及び一般売上と期末商品売価額（販売価格）の合計を計算し，次のように原価率を算出する。

一般販売原価率　$\frac{1,170,000千円}{2,600,000千円} = 0.45（45\%）$

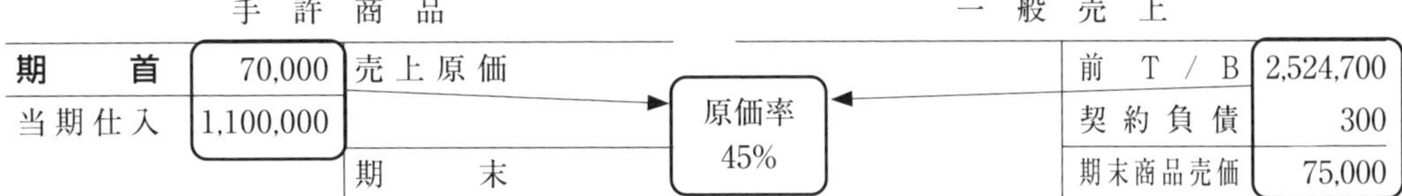

期末商品棚卸高　75,000千円×45％＝33,750千円

(5) 棚卸減耗損と商品評価損

（借）	棚卸減耗損＊1	750	（貸）繰越商品	750
	商品評価損	200	繰越商品	200
	仕入	950	棚卸減耗損	750
			商品評価損	200

＊1　33,750千円－33,000千円＝750千円

(6) 税効果会計

（借）	繰延税金資産＊1	60	（貸）法人税等調整額	60

＊1　200千円×30％＝60千円

瑞穂会解答・解説

(7) 未 着 品

(借)	仕 入 *1	229,500	(貸)	未 着 品	229,500

*1 612,000千円 × $\frac{45\%}{1+20\%}$ = 229,500千円（売上原価）

未着品原価率 $\frac{45\%}{1+20\%}$ = 0.375 (37.5%) 612,000千円 × 37.5% = 229,500千円

未 着 品

借方		貸方	
期 首	6,000	転 売	229,500
船荷証券受取	231,000	(売上原価)	
		期 末	7,500

4 有価証券に関する事項

(1) A社株式

(借)	売買目的有価証券 *1 (有 価 証 券)	1,540	(貸)	有 価 証 券	1,540
	売買目的有価証券 *2 (有 価 証 券)	139		有価証券評価益	139

*1 (500株 × 22ドル) × 140円 = 1,540千円

*2 (500株 × 23ドル) × 146円 − 1,540千円 = 139千円

(2) B社社債

(借)	満期保有目的債券 *3 (投資有価証券)	40,661	(貸)	有 価 証 券 *1	38,150
				有価証券利息 *2	852
				為 替 差 損 益 *4	1,659

*1 (300千ドル − 270千ドル) × $\frac{5ヵ月}{60ヵ月}$ = 2.5千ドル

(270千ドル + 2.5千ドル) × 140円 = 38,150千円

*2 (300千ドル − 270千ドル) ÷ 5年 = 6千ドル

6千ドル × 142円 = 852千円

*3 (272.5千ドル + 6千ドル) × 146円 = 40,661千円

*4 貸借差額

B社社債・未収有価証券利息

(借)	未 収 収 益 *1	730	(貸)	有価証券利息	730

*1 300千ドル × 4% × $\frac{5ヵ月}{12ヵ月}$ × 146円 = 730千円

(3) C社株式（投資の清算）

(借)	その他有価証券 (投資有価証券)	6,000	(貸)	仮 払 金	5,500
				移 転 利 益 *1	500

*1 貸借差額

(4)　D社社債

(借)	その他有価証券＊1 (投資有価証券)	25,404	(貸) 有価証券＊1	22,880
			有価証券利息＊1	568
			繰延税金負債＊2	438
			その他有価証券評価差額金＊3	1,022
			為替差損益＊4	496

＊1

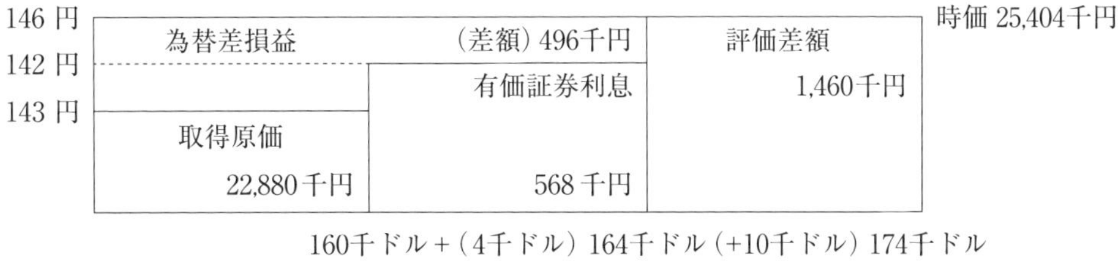

146円	為替差損益	(差額) 496千円	評価差額	時価 25,404千円
142円		有価証券利息	1,460千円	
143円	取得原価 22,880千円	568千円		

160千ドル＋(4千ドル) 164千ドル (+10千ドル) 174千ドル

取得原価　160千ドル×143円＝22,880千円

有価証券利息　$\left((200千ドル - 160千ドル) \times \frac{6ヵ月}{60ヵ月}\right) \times 142千円 = 568千円$

評価差額　(174千ドル－(160千ドル＋4千ドル))×146円＝1,460千円

時　価　174千ドル×146円＝25,404千円

＊2　1,460千円×30%＝438千円

＊3　1,460千円×(1－30%)＝1,022千円

＊4　貸借差額

(5)　E社株式

(借)	関連会社株式 (関係会社株式)	25,000	(貸) 有価証券	25,000
	関係会社株式評価損	20,000	関連会社株式 (関係会社株式)	20,000

＊1　(20,000千円×25%)－25,000千円＝△20,000千円（実質価額5,000千円）

(6)　F社株式

(借)	子会社株式 (関係会社株式)	5,500	(貸) 有価証券	5,500

5　有形固定資産に関する事項

(1)　建物

(借)	減価償却費＊1	30,000	(貸) 建物減価償却累計額	30,000

＊1　$X千円 \times \frac{11年(2012年4月6日〜2023年3月31日)}{25年} = 330,000千円$

X＝750,000千円（決算整理前残高試算表の建物）

750,000千円÷25年＝30,000千円

瑞穂会解答・解説

(2) 新建物と土地

(借)			(貸)		
	建物	20,000		建設仮勘定	40,000
	土地＊1	19,500			
	その他	500			

＊1　16,250千円＋2,500千円－750千円＋1,500千円＝19,500千円

新建物の減価償却

(借)			(貸)		
	減価償却費＊1	400		建物減価償却累計額	400

＊1　$20{,}000\text{千円} \div 25\text{年} \times \dfrac{6\text{カ月}}{12\text{カ月}} = 400\text{千円}$

(3) 車両の買換え

(借)			(貸)		
	車両運搬具減価償却累計額	1,479		車両運搬具＊1	3,060
	減価償却費＊2	306		仮受消費税等	66
	車両運搬具＊3	4,140		仮払金＊4	3,894
	仮払消費税等	420			
	固定資産売却損＊5	675			

＊1　$X\text{千円} \times \dfrac{29\text{カ月（2020年11月1日～2023年3月31日）}}{60\text{カ月}} = 1{,}479\text{千円}$

X千円＝3,060千円（決算整理前残高試算表の車両）

＊2　$3{,}060\text{千円} \div 5\text{年} \times \dfrac{6\text{カ月}}{12\text{カ月}} = 306\text{千円}$

＊3　4,200千円－｛(726千円（下取価額）－66千円)－(660千円（時価）－60千円)｝＝4,140千円

＊4　4,620千円－726千円（下取価額）＝3,894千円

＊5　貸借差額

新車両の減価償却

(借)			(貸)		
	減価償却費＊1	414		車両運搬具減価償却累計額	414

＊1　$4{,}140\text{千円} \div 5\text{年} \times \dfrac{6\text{カ月}}{12\text{カ月}} = 414\text{千円}$

(4) 機械の資産除去債務

(借)			(貸)		
	機械装置＊1	2,490		資産除去債務	2,490

＊1　3,000千円×0.83＝2,490千円

機械の資産除去債務に係る税効果会計

(借)			(貸)		
	繰延税金資産＊1	747		法人税等調整額	747
	法人税等調整額＊2	747		繰延税金負債	747

＊1　2,490千円（資産除去債務）×30％＝747千円

＊2　2,490千円（機械装置）×30％＝747千円

機械の減価償却と利息費用

(借) 減価償却費*1	6,415	(貸) 機械装置減価償却累計額	6,415
利息費用*2	74	資産除去債務	74

＊1　(36,000千円＋2,490千円)÷6年＝6,415千円

＊2　2,490千円（資産除去債務）×3％≒74千円

機械の資産除去債務に係る税効果会計

(借) 繰延税金資産*1	22	(貸) 法人税等調整額	22
繰延税金負債*2	124	法人税等調整額	124

＊1　74千円×30％≒22千円

＊2　2,490千円（機械装置）÷6年×30％≒124千円

※　翌期首使用開始の機械装置につき，期中に以下の処理がされている（1⑶②㋺参照）。

(借) 機械装置	7,000	(貸) 当座預金 （現金預金）	7,000

したがって，36,000千円（2023年4月6日取得）＋7,000千円＝43,000千円（決算整理前残高試算表の機械装置）

⑸　備品の減価償却

(借) 減価償却費*1	6,152	(貸) 器具備品減価償却累計額	6,152

＊1　償却率：$\frac{1}{8年}$×200％＝0.25

(50,000千円－25,390千円)×0.25≒6,152千円

⑹　リース資産（2023年4月1日）

(借) リース資産*1	610	(貸) リース債務	610

＊1　220千円÷1.04＋220千円÷$(1.04)^2$＋220千円÷$(1.04)^3$≒610千円（リース料総額現在価値）

620千円（貸手現金購入価額）＞610千円（リース料総額現在価値）　∴610千円を取得原価とする。

リース料の支払い（2024年3月31日）

(借) リース債務*2	196	(貸) 仮払金	220
支払利息*1	24		

＊1　610千円×4％≒24千円

＊2　貸借差額

リース資産の減価償却

(借) 減価償却費*1	203	(貸) リース資産減価償却累計額	203

＊1　610千円÷3年≒203千円

短期リース債務：リース債務の支払い（2025年３月31日）

(借)			(貸)		
(借)	リース債務*2	204	(貸)	現金預金	220
	支払利息*1	16			

＊１　(610千円－196千円)×４％≒16千円

長期リース債務　610千円－196千円－204千円＝210千円

6　自己株式に関する事項

(1)　2023年７月取得　普通株式

(借)			(貸)		
(借)	自己株式*1	25,200	(貸)	仮払金	25,218
	支払手数料	18			

＊１　840株×30,000円＝25,200千円

2024年３月処分　普通株式

(借)			(貸)		
(借)	仮受金*1	29,600	(貸)	自己株式*2	24,000
				その他資本剰余金*3	5,600
(借)	株式交付費	28	(貸)	仮払金	28

＊１　800株×37,000円＝29,600千円

＊２　800株×30,000円＝24,000千円

＊３　貸借差額

(2)　2023年７月取得　優先株式

(借)			(貸)		
(借)	自己株式*1	18,480	(貸)	仮払金	18,502
	支払手数料	22			

＊１　660株×28,000円＝18,480千円

2024年３月処分　優先株式

(借)			(貸)		
(借)	仮受金*1	14,300	(貸)	自己株式*2	15,400
	その他資本剰余金*3	1,100			
(借)	株式交付費	20	(貸)	仮払金	20

＊１　550株×26,000円＝14,300千円

＊２　550株×28,000円＝15,400千円

＊３　貸借差額

7　退職給付に関する事項

(1)　退職給付費用

(借)			(貸)		
(借)	退職給付費用*1	5,220	(貸)	退職給付引当金	5,220

＊1

利　息　費　用　80,000千円×3％＝2,400千円

期待運用収益　17,000千円×4％＝680千円

退職給付費用　3,500千円＋2,400千円－680千円＝5,220千円

勤務費用を下記のようなT勘定を作成し，逆算で計算する。本問では，退職給付債務に係る数理計算上の差異はなかったとの記載があるため，実際額と見積額は一致していると読み取ることができる。

退職給付債務

退職一時金	1,500	期　首	80,000
年金基金給付	700	**勤務費用(差額)**	**3,500**
期　末	83,700	利 息 費 用	2,400

年　金　資　産

期　首	17,000	年金基金給付	700
期待運用収益	680		
年金基金へ拠出	800	期末(見積り)	17,780

当期発生の数理計算上の差異　実際値580千円－期待値680千円＝△100千円（借方差異）

(2)　未認識数理計算上の差異の償却

(借) 退職給付費用＊1	160	(貸) 退職給付引当金	160

＊1　前期分　1,350千円÷9年＝150千円
　　　当期分　100千円÷10年＝10千円

(3)　未認識過去勤務費用の償却

(借) 退職給付費用＊1	925	(貸) 退職給付引当金	925

＊1　7,400千円÷8年＝925千円

退職給付債務（期末）	83,700千円
年金資産（期末）	17,680千円
未認識数理計算上の差異（前期分）	1,200千円
未認識数理計算上の差異（当期分）	**90千円**
未認識過去勤務費用	**6,475千円**
退職給付引当金	58,255千円

(4)　税効果会計

(借) 繰延税金資産＊1	17,476	(貸) 法人税等調整額	17,476

＊1　(51,950千円＋5,220千円＋160千円＋925千円)×30％≒17,476千円

8　賞与に関する事項

(1)　賞与引当金　前期分

(借) 賞与引当金	15,000	(貸) 仮払金	17,250
未払費用	2,250		

瑞穂会解答・解説

(2) 賞与引当金　当期分

(借)	科目	金額	(貸)	科目	金額
(借)	賞与引当金繰入 *1	20,000	(貸)	賞与引当金	20,000
	給与及び賞与 *2	3,000		未払費用	3,000

＊1　$24{,}000\text{千円} \times \dfrac{5\text{ヵ月}}{6\text{ヵ月}} = 20{,}000\text{千円}$

＊2　20,000千円×15％＝3,000千円

税効果会計

(借)	科目	金額	(貸)	科目	金額
(借)	繰延税金資産 *1	6,900	(貸)	法人税等調整額	6,900

＊1　23,000千円×30％＝6,900千円

9　借入金に関する事項

(1) 利息の純額受取額

(借)	科目	金額	(貸)	科目	金額
(借)	仮受金	20	(貸)	支払利息	20

＊1　20,000千円×(1.6％－1.5％)＝20千円

(2) 金利スワップ

(借)	科目	金額	(貸)	科目	金額
(借)	金利スワップ資産	80	(貸)	繰延税金負債 *1	24
				繰延ヘッジ損益 *2	56

＊1　80千円×30％＝24千円

＊2　80千円×(1－30％)＝56千円

短期借入金　15,000千円＋6,500千円－10,000千円＝11,500千円

長期借入金　10,000千円

10　社債に関する事項

(1) 社債利息

(借)	科目	金額	(貸)	科目	金額
(借)	社債利息 *1	1,744	(貸)	社債	1,744

＊1　実質利息 197,704千円×2.4％≒4,744千円

表面利息 200,000千円×1.5％＝3,000千円

4,744千円－3,000千円＝1,744千円

社債の償還

(借)	科目	金額	(貸)	科目	金額
(借)	社債 *1	59,834	(貸)	仮払金 *2	59,400
				社債償還益 *3	434

＊1　$(197{,}704\text{千円} + 1{,}744\text{千円}) \times \dfrac{60{,}000\text{千円}}{200{,}000\text{千円}} \fallingdotseq 59{,}834\text{千円}$

＊2　$60{,}000\text{千円} \times \dfrac{99{,}000\text{円}}{100{,}000\text{円}} = 59{,}400\text{千円}$

11　ソフトウェアに関する事項

(借)		(貸)	
そ　の　他＊1	1,500	ソフトウェア	1,500
ソフトウェア償却＊2	5,600	ソフトウェア	5,600

＊1　1,000千円＋500千円＝1,500千円

＊2　(43,500千円－1,500千円) × $\frac{8ヵ月}{60ヵ月}$ ＝5,600千円

12　剰余金等の処分に関する事項

(借)		(貸)	
繰越利益剰余金	108,900	仮　払　金＊1	176,000
その他資本剰余金	84,700	利益準備金＊2	9,900
		資本準備金＊2	7,700

＊1　11,000株×16,000円＝176,000千円

＊2　①　176,000千円×10%＝17,600千円

②　900,000千円(資本金) × $\frac{1}{4}$ －(94,000千円(資本準備金)＋113,000千円(利益準備金))＝18,000千円

∴①　＜　②　①で準備金を積立て

利益準備金：11,000株×9千円×10%＝9,900千円

資本準備金：11,000株×7千円×10%＝7,700千円

※　資本金は決算整理前残高試算表から貸借差額で計算する。

13　諸税金に関する事項

(1)　法人税等

(借)		(貸)	
仮払法人税等＊1	2,420	仮　払　金	2,420

＊1　1,800千円＋620千円＝2,420千円

(借)		(貸)	
法人税,住民税及び事業税＊1	6,220	仮払法人税等	2,420
租　税　公　課	187	未払法人税等＊2	3,987

＊1　5,187千円＋1,220千円－187千円＝6,220千円

＊2　貸借差額

(2)　消費税等

(借)		(貸)	
仮払消費税等	11,740	仮　払　金	11,740

(借)		(貸)	
仮受消費税等＊1	49,706	仮払消費税等＊2	43,765
租　税　公　課＊4	349	未払消費税等＊3	6,290

＊1　49,640千円＋66千円＝49,706千円

＊2　31,605千円＋420千円＋11,740千円＝43,765千円

＊3　18,030千円－11,740千円＝6,290千円

＊4　貸借差額

(3)　税効果会計

(借) 繰延税金資産*1	180	(貸) 法人税等調整額	180

＊1　(1,220千円－620千円)×30％＝180千円

(4)　税効果会計（差異の解消）

(借) 法人税等調整額	23,355	(貸) 繰延税金資産	23,355

繰延税金資産

前T/B	23,355		23,355
貸倒引当金	1,860		
商品評価損	60		
資産除去債務	747		
利息費用	22		
退職給付	17,476		
賞与引当金	6,900		
未払事業税	180	期末	27,245

繰延税金負債

機械装置	124	機械装置	747
		その他有価証券	438
期末	1,085	金利スワップ	24

法人税等調整額

	23,355		1,860
	747		60
			747
			22
			124
			17,476
			6,900
損益	3,267		180

瑞穂会講師からの応援メッセージ

財務諸表論は計算と理論を復習して理解を深める学習が求められます。特に，理論は過去に学習した内容を常に振り返り，理解度の確認と向上を続けなければいけません。企業会計原則など伝統的な会計理論は期間損益計算，新しい会計理論は資産負債アプローチの会計思考から構築されています。理論の学習がうまくいかないときは，原則または基準の会計思考を捉えることで効率よく進めることができます。自分が苦しいときは他の受験生も同じ気持ちになっています。弱みを強みに変えて合格を勝ち取ってください！

PROFILE

千葉商科大学　会計教育センター「瑞穂会」

会計教育の実践の場として千葉商科大学「瑞穂会」があります。「瑞穂会」は千葉商科大学の学生を対象に，日商簿記検定，税理士試験科目（簿記論･財務諸表論）の講座を開講し，受講料無料で受験指導を行っています。「瑞穂会」では，専用の教室を有し，専任教員が常駐して学生の受験指導にあたります。現在，多くの合格者を輩出しており，毎回の合格率は全国平均を大きく上回っています。また「瑞穂会」では，大学の授業と資格試験の両立に悩む学生に効率的な学習方法をアドバイスするなど，個々の学生の状況に応じた細やかな指導を行っています。

(HP：https://www.cuc.ac.jp/career/licence/kaikei/mizuho/index.html)

第 4 回
学者×実務家のコラボ模試
出題者の意図

〔第 一 問〕・〔第 二 問〕

本試験には，必ずといってよいほど，概念フレームワークや企業会計原則のような会計の基礎概念に関連した出題があります。特に，近年の傾向から，概念フレームワーク第4章「財務諸表における認識と測定」が問われる可能性は十分にあります。今回出題したのは資産の測定ですが，**取得原価はもちろん，市場価格に基づく各測定値は，定義とともに押さえるべきです。**その他，回収可能価額や企業会計基準第30号「時価の算定に関する会計基準」により定義された「時価」が，概念フレームワークで列挙された各測定値とどのような関係にあるかも確認しましょう。そして，重要なことは，これらの評価基準が個別基準とどのようにリンクしているかを意識することです。**少なくとも，棚卸資産の低価法，事業資産の減損，有価証券の期末時評価に係る会計処理と背景理論については，確実に解答する必要があります。**なお，減損会計は，収益性の低下に対する考え方にはじまり，減損の認識判定や測定手法に日本固有の考え方が含まれているためか，しばしば出題されています。

第二問でテーマにした「支配」は，財務諸表項目の定義にも関わる基礎概念です。金融商品会計や連結会計のみならず，収益認識やリース会計など，多くの個別論点に関連します。今回出題した金融資産に係る支配の移転は，苦手な人が多い印象があり（少なくとも私は受験生時代嫌いでした），あえて出題しました。**最低限，リスク・経済価値アプローチと財務構成要素アプローチの相違点は押さえ**，設例とともに理解を深めてください。連結会計の出題実績は乏しいようにみえますが，連結範囲の決定に係る支配概念の適用プロセスは問われてもおかしくないでしょう。そして，**のれんの会計処理は，日本基準と国際的な会計基準の相違点であり，正答すべきです。**日本が償却処理を堅持している大きな理由は，自己創設のれんの認識を回避することですが，財務報告の目的との関連性を再度確認しておきましょう。

〔第 三 問〕

財務諸表論の計算問題は会社法及び会社計算規則に基づく貸借対照表及び損益計算書が出題されます。業種としては小売業（卸売業）か製造業のいずれかが出題されていますが，過去の本試験では3回連続で小売業が出題されているため，本年度に出題可能性の高い製造業を出題しました。また，製造業が出題された場合，本試験で度々問われている「製造原価報告書」と「売上原価明細書」も併せて出題しました。

本問は製造業からの出題であるものの，期末棚卸資産の評価はすでに終了しているため，製造業特有の論点としては，費用項目について販売費及び一般管理費と製造原価の区分に注意することと，「製造原価報告書」及び「売上原価明細書」の作成くらいです。親会社が子会社を吸収合併する企業結合の論点は，簿記論・財務諸表論問わず本試験で出題されていますが，本問のように，非支配株主が存在し，連結上でのれんが生じているパターンは連結会計の基本知識も用いるため，やや難易度が高いといえます。

現金預金，Ｊ社株式以外の有価証券，自己株式，有形固定資産（資産除去債務，リース含む），ソフトウエア，借入金，退職給付，ストック・オプション，諸税金といった定番論点を中心に正解することが合格の目安と考えます。

合格ライン

〔第一問〕 **18点** （問１：６点　問２：５点　問３：７点）
〔第二問〕 **14点** （問１：８点　問２：６点）
〔第三問〕 **39点** 程度

解　答

〔第 一 問〕 －25点－

問1

(1)

(a)　取得原価　❷☆	(b)　正味売却価額　❷☆	(c)　再調達原価　❶

(2)

棚卸資産への**投資は，将来の販売によって回収を図ることから，**収益性の低下に基づく簿価切下げの評価基準は，**期末において回収が見込まれる将来販売時点の売価に基づく正味売却価額によることが適当**と考えられるため。❷☆

問2

(1)

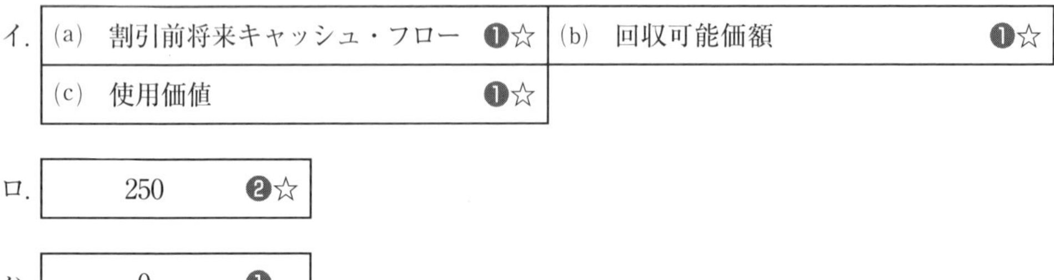

イ.

(a)　割引前将来キャッシュ・フロー　❶☆	(b)　回収可能価額　❶☆
(c)　使用価値　❶☆	

ロ. 250　❷☆

ハ. 0　❶

(2)

事業用資産から得られる成果は不確定であり，**減損における測定は主観的**にならざるを得ない。従って，**減損の存在が相当程度確実であることを確認するために**，帳簿価額と割引前将来キャッシュ・フローを比較して減損損失の認識判定を行う。❸

問3

(1)

(a)　時価　❷☆	(b)　純資産　❷☆

(2)

その他有価証券については，**事業遂行上等の必要性から直ちに売買・換金を行うことには制約を伴う**要素もあり，**評価差額は企業にとっての財務活動の成果と考えられない。**そのため，**評価差額を直ちに当期の損益として処理することは適切ではない。**❸☆

(3)

保守主義の原則　❷

〔第 二 問〕 －25点－

問1

(1)

(a) リスク ❷☆	(b) 経済価値 ❷☆

(2)

財務構成要素アプローチ ❷☆

(3)

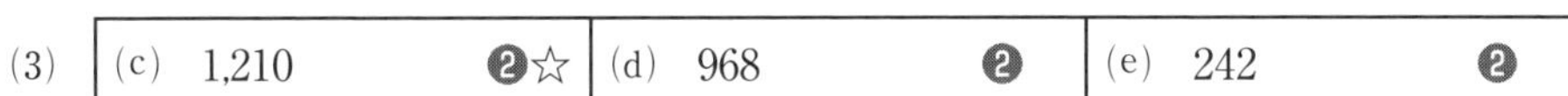

(c) 1,210 ❷☆	(d) 968 ❷	(e) 242 ❷

問2

(1)

ウ ❸

(2)

イ.

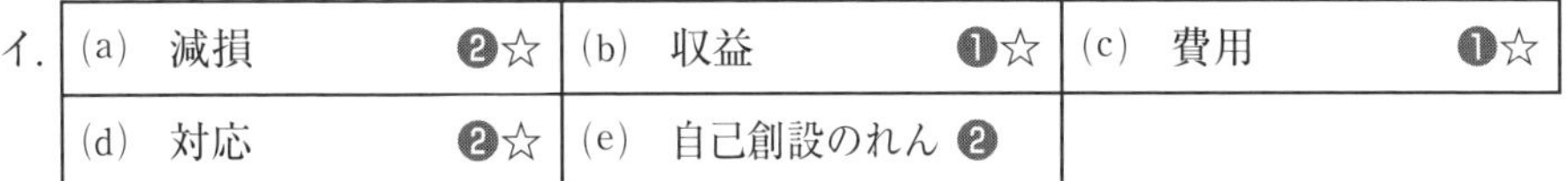

(a) 減損 ❷☆	(b) 収益 ❶☆	(c) 費用 ❶☆
(d) 対応 ❷☆	(e) 自己創設のれん ❷	

ロ.

経営者による企業価値の自己評価・自己申告を意味する自己創設のれんの認識は，**投資家の企業価値推定に役立つ会計情報を提供するという，財務報告の目的に反する**ため。 ❷

〔第 三 問〕 －50点－

問1

貸 借 対 照 表

X6年3月31日現在　　　　(単位：千円)

科　目	金　額	科　目	金　額
資　産　の　部		負　債　の　部	
Ⅰ 流動資産	(2,869,207)	Ⅰ 流動負債	(984,583)
現金及び預金	(❶☆ 1,220,180)	買掛金	(181,014)
受取手形	(93,205)	短期借入金	(299,900)
売掛金	(❶☆ 809,825)	リース債務	(❶☆ 1,034)
製品	(415,000)	未払法人税等	(❶☆ 180,830)
材料	(156,800)	未払消費税等	(❶☆ 92,300)
仕掛品	(180,000)	預り金	180,545
貸倒引当金	(❶ △5,803)	契約負債	(❶☆ 48,960)
Ⅱ 固定資産	(4,321,952)	Ⅱ 固定負債	(699,323)
有形固定資産	(3,641,242)	長期借入金	(❶☆ 218,000)
建物	(❶☆ 1,062,178)	リース債務	(❶☆ 3,362)
機械装置	(620,640)	退職給付引当金	(❶☆ 348,760)
工具器具備品	(❶☆ 67,015)	役員退職慰労引当金	(❶☆ 121,000)
土地	(❶ 1,887,816)	資産除去債務	(❶☆ 8,201)
リース資産	(❶☆ 3,593)	負債合計	(1,683,906)
無形固定資産	(44,490)	純　資　産　の　部	
ソフトウエア	(❶☆ 36,430)	Ⅰ 株主資本	(5,497,588)
ソフトウエア仮勘定	(7,560)	資本金	(❶☆ 101,000)
のれん	(❶ 500)	資本剰余金	(75,333)
投資その他の資産	(636,220)	資本準備金	(69,300)
投資有価証券	(❶☆ 191,900)	その他資本剰余金	(❶ 6,033)
関係会社株式	(❶☆ 98,000)	利益剰余金	(5,323,235)
破産更生債権等	(❶☆ 12,810)	利益準備金	(8,700)
金利スワップ資産	(4,800)	その他利益剰余金	(5,314,535)
繰延税金資産	(❶ 338,520)	別途積立金	(4,460,700)
貸倒引当金	(❶☆ △9,810)	繰越利益剰余金	(853,835)
		自己株式	(❶☆ △1,980)
		Ⅱ 評価・換算差額等	(△8,610)
		その他有価証券評価差額金	(❶☆ △11,970)
		繰延ヘッジ損益	(❶☆ 3,360)
		Ⅲ 新株予約権	(❶☆ 18,275)
		純資産合計	(5,507,253)
資産合計	(7,191,159)	負債及び純資産合計	(7,191,159)

損益計算書

自X5年4月1日　至X6年3月31日　（単位：千円）

科目	金額	
Ⅰ 売上高		（❶☆ 6,471,900）
Ⅱ 売上原価		（❶ 4,952,512）
売上総利益		（ 1,519,388）
Ⅲ 販売費及び一般管理費		（❶ 954,391）
営業利益		（ 564,997）
Ⅳ 営業外収益		
受取利息及び配当金	（❶☆ 26,670）	
雑収入	（❶☆ 51,700）	（ 78,370）
Ⅴ 営業外費用		
支払利息	（❶ 1,706）	
〔為替差損〕	（❶☆ 664）	
雑損失	（❶☆ 36,527）	（ 38,897）
経常利益		（ 604,470）
Ⅵ 特別利益		
固定資産除却損	4,100	
〔抱合せ株式消滅差益〕	（❶ 2,000）	（ 6,100）
Ⅶ 特別損失		
固定資産除却損	7,640	
貸倒損失	（❶☆ 3,675）	
投資有価証券評価損	（❶☆ 47,300）	
減損損失	（❶☆ 13,500）	
貸倒引当金繰入	（❶☆ 5,535）	（ 77,650）
税引前当期純利益		（ 532,920）
〔法人税，住民税及び事業税〕		（❶☆ 286,780）
〔法人税，住民税及び事業税追徴税額〕		（❶☆ 4,750）
〔法人税等調整額〕		（❶ △37,200）
当期純利益		（ 278,590）

問2

製造原価報告書	
自X5年4月1日　至X6年3月31日　（単位：千円）	
科　目	金　額
材料費	（ ❶☆ 1,634,800 ）
労務費	（ ❶☆ 1,976,680 ）
製造経費	（ ❶ 1,357,332 ）
当期総製造費用	（ 4,968,812 ）
期首仕掛品棚卸高	（ 185,000 ）
合計	（ 5,153,812 ）
期末仕掛品棚卸高	（ 180,000 ）
研究開発費振替高	（ ❶☆ 7,200 ）
当期製品製造原価	（ 4,966,612 ）

問3

売上原価明細書	
自X5年4月1日　至X6年3月31日　（単位：千円）	
科　目	金　額
期首製品棚卸高	（ 410,000 ）
当期製品製造原価	（ 4,966,612 ）
合計	（ 5,376,612 ）
期末製品棚卸高	（ ❶☆ 415,000 ）
見本品費振替高	（ 9,100 ）
売上原価	（ 4,952,512 ）

解　説

〔第 一 問〕

問1～3は，いずれも資産評価をテーマとした問題である。「討議資料 財務会計の概念フレームワーク」第4章「財務諸表における認識と測定」には，取得原価及び市場価格に基づく測定値の定義が説明されており，確実に理解しておきたい。そして，それらの測定値が，個別会計基準にどのように適用されるかを関連づけて押さえるとよい。

問1

棚卸資産の低価法に係る評価基準としては，正味売却価額による方法と再調達原価による方法がある。企業会計基準第9号「棚卸資産の評価に関する会計基準」は，棚卸資産に対する投下資本は将来の販売により回収されることから，収益性が低下した場合に回収可能価額である正味売却価額まで帳簿価額を切り下げることが合理的であるとした（第40項，第41項）。他方で，かつての米国会計基準は，再調達原価まで帳簿価額を切り下げることを原則としていたのであり，正味実現可能価額への切り下げが原則となった今も，再調達原価による評価規定は生きている。そこでは，収益性の低下した棚卸資産に対し新たな投資を行ったとみているのである。なお，正味売却価額まで帳簿価額を切り下げれば，その後棚卸資産を販売したときに利益が計上されることはない。しかし，再調達原価まで帳簿価額を切り下げた場合，販売により得られる正味売却価額との差額が利益として計上される。いずれの価額で棚卸資産を評価するかにより，事後的な利益の金額は異なる。

2005年に公表されている「棚卸資産の評価基準に関する論点の整理」では，低価法を適用する理由，評価基準の根拠，評価後の利益の相違について整理がされており，適宜参照されたい。

問2

減損は頻出論点として，確実に押さえておきたい。減損損失を認識する単位（グルーピング），減損の兆候，減損損失の認識の判定方法，減損損失の測定について，計算とその論理をリンクさせておくべきである。

日本基準は，減損損失の認識の判定に際し，資産又は資産グループの帳簿価額と割引前将来キャッシュ・フローを比較することがポイントである。これは，解答に示したとおり，事業用資産から得られる成果の不確実性にかんがみて，収益性の低下が相当程度確実である場合にはじめて減損損失を認識する考え方による（「固定資産の減損に係る会計基準の設定に関する意見書」四 3.⑵参照）。そして，このような慎重なプロセスを経て減損損失が認識されるからこそ，戻し入れ処理は認められないのである。対照的に，IAS第36号「資産の減損」は，減損の認識と測定を分けておらず，対象資産の帳簿価額と回収可能価額を比較している。日本基準と比較して減損の認識に係るハードルが低いことが，戻し入れ処理を許容する規定につながっていると考えられる。

なお，回収可能価額は，資産又は資産グループの処分を前提とした正味売却価額と継続的使用を前提とした使用価値のいずれか大きい金額であるが，通常，使用価値は正味売却価額より高いと考えられている（企業会計基準適用指針第6号「固定資産の減損に係る会計基準の適用指針」第28項）。

また，出題した計算問題により，個別財務諸表上と連結財務諸表上では，グルーピングの単位が異なり，減損損失の金額に相違が生じることを確認してほしい。親子会社で一体的に事業を行っている場合には，グルーピングが親子会社間にまたがることも十分に考えられる。そして，個別財務諸表上で減損損失が認識されていても，連結ベースで見れば，資産グループの収益性が低下していないことがあり得る。実際，個別財務諸表上では，帳簿価額600と回収可能価額350の差額である250の減損損失が認識されるが，連結財務諸表では，見直された資産グループの帳簿価額850を割引前将来キャッシュ・フロー900が上回っているため減損認識の必要性はない。連結財務諸表上，連結修正処理として個別財務諸表上の減損損失額250の戻し入れを行う（企業会計基準適用指針第６号「固定資産の減損に係る会計基準の適用指針」第10項及び［設例１－６］を参照されたい）。

問３

本問では，有価証券の評価のうち，その他有価証券の処理を問うた。その他有価証券は，毎期末「時価」により評価替されるが，企業会計基準第30号「時価の算定に関する会計基準」にある「時価」の定義は確認しておきたい。また，売買目的有価証券，満期保有目的の債券，子会社株式及び関連会社株式の評価方法，評価差額の処理についても併せて理解しておくべきである。保有目的に応じた評価の区別は，「実現原則」，「投資のリスクからの解放」という基礎概念にも関連している。また，純利益と包括利益，株主資本と純資産の相違，及びそれらを連携させる「クリーンサープラス関係」という概念も重要性が高い。

ところで，その他有価証券の「時価」が帳簿価額を下回る場合には，損失計上が可能である。これは，利得と損失の非対称な認識を意味する保守主義の原則の適用例である（企業会計基準第10号「金融商品に関する会計基準」第80項）。先に出題した棚卸資産の低価法や減損損失の認識も，保守主義の原則の適用例といえる。

〔第 二 問〕

問1と**問2**のキーとなるテーマは，「支配」である。

問1

証券・金融市場の発達により，自己の所有する金融資産を譲渡した後も回収サービス業務を引き受ける等，金融資産を財務構成要素に分解して取引することが多くなる。そのような取引について，金融資産のリスクと経済価値のほとんどすべてが他に移転したときに当該金融資産の消滅を認識する方法（リスク・経済価値アプローチ）を採れば，金融資産を担保とした金銭貸借として処理されることになる。しかし，それでは取引の経済的実態を忠実に表現することができないとして，企業会計基準第10号「金融商品に関する会計基準」は，金融資産を財務構成要素に分解して支配の移転を認識する方法（財務構成要素アプローチ）を採っている（第57項）。

財務構成要素アプローチによる債権の売却処理は容易でないが，これを機に論理を理解しておくとよいだろう（会計制度委員会報告第14号「金融商品会計に関する実務指針」設例2を参照）。A社は，債権の譲渡によって，1,200の現金と時価にして100の買戻権を得ている。同時に，時価90のリコース義務を負っており，これら資産と負債の正味時価1,210が，譲渡により消滅した部分の価値ということになる。その一方，残存する回収サービス業務資産の時価は40であるから，譲渡直前の債権全体の価値は，1,250（＝1,210＋40）であったことになる。あとは，譲渡直前の帳簿価額1,000を，消滅部分の時価1,210と残存部分の時価40で按分すれば，各部分の帳簿価額を算定することができる。

$$\text{消滅部分の帳簿価額：譲渡直前の帳簿価額}1{,}000\times\frac{\text{消滅部分の時価}1{,}210}{\text{消滅部分の時価}1{,}210+\text{残存部分の時価}40}=968$$

ゆえに，残存部分の帳簿価額は32（＝1,000－968）となり，売却仕訳は以下のようになる。

（借）			（貸）		
	現金	1,200		債権	1,000
	回収サービス業務資産	32		リコース義務	90
	買戻権	100		債権売却益	242

学者×実務家解答・解説

問2

企業会計基準第22号「連結財務諸表に関する会計基準」第7項には，連結の範囲を決めるための「支配」の要件が記載されている。

> (1) 他の企業（更生会社，破産会社その他これらに準ずる企業であって，かつ，有効な支配従属関係が存在しないと認められる企業を除く。下記(2)及び(3)においても同じ。）の議決権の過半数を自己の計算において所有している企業
>
> (2) 他の企業の議決権の100分の40以上，100分の50以下を自己の計算において所有している企業であって，かつ，次のいずれかの要件に該当する企業
>
> ① 自己の計算において所有している議決権と，自己と出資，人事，資金，技術，取引等において緊密な関係があることにより自己の意思と同一の内容の議決権を行使すると認められる者及び自己の意思と同一の内容の議決権を行使することに同意している者が所有している議決権とを合わせて，他の企業の議決権の過半数を占めていること
>
> ② 役員若しくは使用人である者，又はこれらであった者で自己が他の企業の財務及び営業又は事業の方針の決定に関して影響を与えることができる者が，当該他の企業の取締役会その他これに準ずる機関の構成員の過半数を占めていること
>
> ③ 他の企業の重要な財務及び営業又は事業の方針の決定を支配する契約等が存在すること
>
> ④ 他の企業の資金調達額（貸借対照表の負債の部に計上されているもの）の総額の過半について融資（債務の保証及び担保の提供を含む。以下同じ。）を行っていること（自己と出資，人事，資金，技術，取引等において緊密な関係のある者が行う融資の額を合わせて資金調達額の総額の過半となる場合を含む。）
>
> ⑤ その他他の企業の意思決定機関を支配していることが推測される事実が存在すること
>
> (3) 自己の計算において所有している議決権（当該議決権を所有していない場合を含む。）と，自己と出資，人事，資金，技術，取引等において緊密な関係があることにより自己の意思と同一の内容の議決権を行使すると認められる者及び自己の意思と同一の内容の議決権を行使することに同意している者が所有している議決権とを合わせて，他の企業の議決権の過半数を占めている企業であって，かつ，上記(2)の②から⑤までのいずれかの要件に該当する企業

これに沿って確認すると，選択肢ウは，自己の計算で他の企業の過半数の議決権を保有していないため，(1)の要件を満たさない。また，100分の40以上，100分の50以下の議決権を自己の計算において所有しているわけでもないため，(2)の要件も満たさない。そして，自己の計算で保有する議決権を，自己と緊密な関係にある者が保有する議決権と合わせても過半数の議決権に到達しないことから(3)にも該当しない。暗記色の強い問題も出題実績はあるため，基準規定の趣旨を理解することで，できるだけ暗記の負担を減らしたいところである。

連結会計や企業結合会計と切り離せない論点として，のれんの会計がある。のれんの会計処理は，日本基準と国際的な会計基準で大きく異なっており，それぞれの論拠は是非確認しておきたい。特に，非償却処理は，自己創設のれんの認識につながるものであり，それが「討議資料 財務会計の概念フレームワーク」第1章「財務報告の目的」に反するという論理は，根本的に重要である。

〔第 三 問〕 (金額の単位：千円)

1 現金預金

(1) 当座預金

① 当座借越（A銀行）

(借) 預金	227,900	(貸) 短期借入金	227,900 *1

② 未取付小切手（B銀行）

銀行勘定調整表における銀行側の減算調整項目であり，当社の修正は不要である。

(2) 現 金

① 外国通貨

(借) 為替差損	600	(貸) 現金	600 *1

＊1 10,680 − 120千ドル × CR84円/ドル = 600

② 現金過不足

(借) 販売費及び一般管理費（通信費）	1,250	(貸) 現金	2,002 *1
仮払消費税等	125		
雑損失	627		

＊1 現金実際残高20,900 − 現金帳簿残高22,902（前T/B 23,502 − 外国通貨600）= 2,002

2 販売取引

(1) N社へのセット販売

(借) 仮受金	9,100	(貸) 売上高（機械装置）	4,950 *1
		売上高（据付工事）	3,150 *2
		契約負債（保守サービス）	1,000 *3

※ 値引の配分

	独立販売価格	値引額	配分結果
機械装置	5,500	（＊4）△550	（＊1）4,950
据付工事	3,500	（＊4）△350	（＊2）3,150
保守サービス	1,000	—	（＊3）1,000
合計	10,000	△900	9,100

＊4 機械装置，据付工事及び保守サービスの３点セットの販売に係る値引額と，機械装置及び据付工事のセット販売に係る値引額は900で一致することから，900の値引きについては，機械装置と据付工事に帰属していると判断される。

900の値引きは機械装置及び据付工事に対して各々の独立販売価格の比率で配分されるため，機械装置に550（900×5,500/9,000），据付工事に350（900×3,500/9,000）が配分される。

(2) 保守サービスの期間配分

(借) 契約負債	100	(貸) 売上高（保守サービス）	100 *1

＊1 1,000 × 6ヵ月/60ヵ月（5年 × 12ヵ月）= 100

学者×実務家解答・解説

3　貸倒引当金

(1)　一般債権

(借)	販売費及び一般管理費 (貸倒引当金繰入額)	288 *1	(貸)	貸倒引当金 (流動資産)	288

＊1　1,788（＊2）－前T/B 1,500＝288

＊2　一般債権（受取手形，売掛金）（前T/B 109,200－9,030(2)－8,120(3)－7,875(3)）＋（前T/B 815,880－3,430(3)－2,625(3)）×0.2％＝1,788

(2)　貸倒懸念債権

（C社）

(借)	販売費及び一般管理費 (貸倒引当金繰入額)	4,015 *1	(貸)	貸倒引当金 (流動資産)	4,015

＊1　貸倒懸念債権（受取手形）（債権9,030－親会社による保証1,000）×50％＝4,015

＊2　C社に対する売上債権は貸倒懸念債権に該当するが，受取手形に含めたまま表示する。

(3)　破産更生債権等

（D社）

(借)	破産更生債権等	11,550	(貸)	受取手形	8,120
				売掛金	3,430
(借)	特別損失 (貸倒引当金繰入額)	4,275 *1	(貸)	貸倒引当金 (固定資産)	4,275

＊1　破産更生債権等（D社）（債権11,550－担保3,000）－前T/B 4,275＝4,275

（E社）

(借)	貸倒引当金	5,250	(貸)	受取手形	7,875
	特別損失 (貸倒損失)	3,675		売掛金	2,625
	仮受金	315			
	破産更生債権等	1,260			
(借)	特別損失 (貸倒引当金繰入額)	1,260	(貸)	貸倒引当金 (固定資産)	1,260

4　投資有価証券

(1)　F社株式（その他有価証券に該当）

(借)	繰延税金資産	5,130 *2	(貸)	投資有価証券	17,100 *1
	その他有価証券評価差額金	11,970 *3			

＊1　78,500－61,400＝17,100

＊2　17,100×税率30％＝5,130

＊3　貸借差額

(2) G社株式（その他有価証券に該当）

(借)	特別損失 （投資有価証券評価損）	27,300	(貸)	投資有価証券	27,300 *1
(借)	繰延税金資産	8,190 *2	(貸)	法人税等調整額	8,190

＊1 48,700－21,400＝27,300
＊2 27,300×税率30%＝8,190

(3) H社株式（その他有価証券に該当）

(借)	特別損失 （投資有価証券評価損）	20,000 *1	(貸)	投資有価証券	20,000
(借)	繰延税金資産	6,000 *2	(貸)	法人税等調整額	6,000

＊1 30,000－実質価額10,000（＊2）＝20,000
＊2 （H社資産総額500,000－H社負債総額400,000）×当社持分10%＝10,000
＊3 20,000（＊1）×税率30%＝6,000

(4) I社株式（子会社株式に該当）

(借)	関係会社株式	98,000	(貸)	投資有価証券	98,000

※ 子会社株式のため，市場価格が存在しても時価評価しない。

(5) J社株式（子会社株式に該当）

① 勘定科目の振替

(借)	関係会社株式	13,000	(貸)	投資有価証券	13,000

② 子会社の吸収合併（以下のa.とb.の仕訳に分解できる。）

(借)	仮受金	1,400	(貸)	未払法人税等	200
	土地	18,000		繰延税金負債	1,200
	のれん	600		関係会社株式	13,000
	その他資本剰余金	400		抱合せ株式消滅差益	2,000
				資本金	1,000
				その他資本剰余金	3,000

※ 親会社の個別財務諸表では，原則として，子会社の適正な帳簿価額により資産及び負債を受け入れるが，親会社が作成する連結財務諸表において，当該子会社の資産及び負債の帳簿価額を修正しているときは，個別財務諸表上も，連結財務諸表上の金額である修正後の帳簿価額（資本連結で生じたのれんを含む。）により計上する（企業結合会計基準（注9））。

a. 当社（親会社）持分80%

(借)	仮受金	1,120 *1	(貸)	未払法人税等	160 *4
	土地	14,400 *2		繰延税金負債	960 *5
	のれん	600 *3		関係会社株式	13,000
				抱合せ株式消滅差益	2,000 *7

＊1　現金1,400 × 当社（親会社）持分80％ = 1,120
＊2　連結上の簿価18,000（支配獲得時の時価）× 当社（親会社）持分80％ = 14,400
＊3　連結上の簿価（c. 子会社Ｊ社のタイムテーブルより）
＊4　200 × 当社（親会社）持分80％ = 160
＊5　連結上の簿価1,200（*6）× 当社（親会社）持分80％ = 960
＊6　（Ｊ社土地の支配獲得時時価18,000 − Ｊ社土地簿価14,000）× Ｊ社税率30％ = 1,200
＊7　貸借差額又は，ｃ.子会社Ｊ社のタイムテーブルより，支配獲得後当社帰属利益剰余金2,400 − のれん償却400 = 2,000

b.　非支配株主持分20％

増加資本は払込資本として処理する。また，交付した当社株式の時価と非支配株主持分の金額との差額をその他資本剰余金として処理する。

(借)			(貸)		
	仮受金	280 ＊1		未払法人税等	40 ＊4
	土地	3,600 ＊2		繰延税金負債	240 ＊5
	その他資本剰余金	400 ＊3		資本金	1,000
				その他資本剰余金	3,000 ＊7

＊1　現金1,400 × 非支配株主持分20％ = 280
＊2　連結上の簿価18,000（支配獲得時の時価）× 非支配株主持分20％ = 3,600
＊3　貸借差額又は，合併期日のＪ社時価純資産18,000 × 追加取得持分20％ − 取得原価4,000 = 400
＊4　200 × 非支配株主持分20％ = 40
＊5　連結上の簿価1,200（*6）× 非支配株主持分20％ = 240
＊6　（Ｊ社土地の支配獲得時時価18,000 − Ｊ社土地簿価14,000）× Ｊ社税率30％ = 1,200
＊7　合併期日における当社の株価@80 × 当社の交付株式数50株 − 資本金1,000 = 3,000

c.　子会社Ｊ社のタイムテーブル

	Ｘ1年3月31日		Ｘ5年3月31日	Ｘ5年4月1日
取得原価	13,000			4,000
取得割合	+80％			+20％
資本金	10,000		10,000	10,000
	当社	2,400		
利益剰余金	2,200	→	5,200	5,200
	非支配株主	600		
評価差額	(*1) 2,800		2,800	2,800
合計	15,000		18,000	18,000
		△400		
のれん	1,000	→	600	600
資本剰余金				△400

（*1）（Ｊ社土地の支配獲得時時価18,000 − Ｊ社土地簿価14,000）×（1 − Ｊ社税率30％）= 2,800

③　子会社の吸収合併から生じたのれんの償却

(借)	販売費及び一般管理費 (のれん償却額)	100 *1	(貸)	のれん	100

＊1　1,000 ÷ 10年 = 100

④　子会社との合併により引き受けた未払法人税等の仮払金との相殺

(借)	未払法人税等	200	(貸)	仮払金	200

(6)　K社社債（満期保有目的の債券に該当）

(借)	投資有価証券	270	(貸)	受取利息及び配当金	270

＊1　(100,000 − 98,830) × 9ヵ月 / 39ヵ月 = 270

5　自己株式

(1)　X5年6月27日

(借)	自己株式	3,380	(貸)	仮払金	3,380

(2)　X5年7月15日

(借)	仮受金	10,880	(貸)	自己株式	11,220 *1
	その他資本剰余金	340			

＊1　(9,820 + 3,380) × 136株 / (120株 + 40株) = 11,220

6　棚卸資産

(1)　製品

(借)	販売費及び一般管理費 (見本品費)	9,100	(貸)	見本品費振替高	9,100

(2)　材料

(借)	材料仕入	157,900	(貸)	材料	157,900
(借)	材料	156,800	(貸)	材料仕入	156,800
(借)	工具器具備品	5,500	(貸)	材料仕入	5,500

※　製造原価報告書における材料費の計算は以下のとおりである。

材　料　費

借方		貸方	
期首棚卸高	157,900	C/R	1,634,800
材料仕入	1,639,200	工具器具備品へ振替	5,500
		期末棚卸高	156,800

(3) 仕掛品

(借)			(貸)		
販売費及び一般管理費 (研究開発費)	7,200		研究開発費振替高	7,200	

7 有形固定資産

(1) 減損処理

① 減損損失の認識の判定

割引前将来キャッシュ・フロー 368,000 ＜ 帳簿価額371,000 ∴ 減損損失を認識

② 減損損失の測定

(借)		(貸)	
減損損失	13,500 *1	建物	4,860 *3
		機械装置	2,160 *4
		工具器具備品	810 *5
		土地	5,670 *6

＊1 帳簿価額 371,000 − 回収可能価額 357,500（＊2）= 13,500
＊2 正味売却価額 350,000 ＜ 使用価値 357,500 ∴ 使用価値 357,500
＊3 13,500 × 133,560 / 371,000 = 4,860
＊4 13,500 × 59,360 / 371,000 = 2,160
＊5 13,500 × 22,260 / 371,000 = 810
＊6 13,500 × 155,820 / 371,000 = 5,670

(2) 資産除去債務

① 資産除去債務の計上

(借)		(貸)	
建物	8,040	資産除去債務	8,040

＊1 12,000 × 現価係数 0.67 = 8,040

② 利息費用の計上

(借)		(貸)	
販売費及び一般管理費 (利息費用)	161	資産除去債務	161 *1

＊1 8,040 × 2.0% = 161

③ 減価償却

(借)		(貸)	
販売費及び一般管理費 (減価償却費)	402 *1	建物	402

＊1 8,040 ÷ 20年 = 402

(3) リース取引

① リース資産及びリース債務の計上

(借)		(貸)	
リース資産	5,390 *1	リース債務	5,390

＊1 リース料総額の現在価値 5,460 ＞ 借手の見積現金購入価額 5,390
∴ 借手の見積現金購入価額 5,390

② リース料の支払い（X５年９月30日）

(借)	支払利息	108	(貸)	製造経費	600
	リース債務	492			

※ 下記④の「リース債務返済表」を参照

③ リース料の支払い（X６年３月31日）

(借)	支払利息	98	(貸)	製造経費	600
	リース債務	502			

※ 下記④の「リース債務返済表」を参照

④ リース債務の長短分類

(借)	リース債務	4,396 ＊5	(貸)	リース債務（流動負債）	1,034 ＊1
				リース債務（固定負債）	3,362 ＊2

＊1 リース債務（流動）：512（＊3）＋522（＊4）＝1,034
＊2 リース債務（固定）：4,396（＊5）－（512（＊3）＋522（＊4））＝3,362

※ リース債務返済表（一部）

	各回のリース料	利 息 額	リース債務の支払額	リース債務残高
X５年４月１日				5,390
X５年９月30日	600	(＊6) 108	492	4,898
X６年３月31日	600	(＊7) 98	502	(＊5) 4,396
X６年９月30日	600	88	(＊3) 512	3,884
X７年３月31日	600	78	(＊4) 522	3,362

＊6 5,390×（リース料総額の現在価値が見積現金購入価額と等しくなる利子率 4.0％÷２）≒108
＊7 4,898×（リース料総額の現在価値が見積現金購入価額と等しくなる利子率 4.0％÷２）≒98

⑤ リース資産の減価償却

(借)	製造経費（減価償却費）	1,797 ＊1	(貸)	リース資産	1,797

＊1 5,390×５／（５＋４＋３＋２＋１）≒1,797
※ 所有権移転外ファイナンス・リースに該当するため，リース期間を耐用年数とし，残存価額は０で償却計算する。

(4) 工具器具備品の減価償却

(借)	製造経費（減価償却費）	1,375 ＊1	(貸)	工具器具備品	1,375

＊1 5,500÷２年×６ヵ月/12ヵ月＝1,375

8　ソフトウエア

(1)　在庫管理システム

(借)	製造経費 (ソフトウエア償却)	5,760 *1	(貸)	ソフトウエア	5,760

＊1　27,840×12ヵ月/(5年×12ヵ月－2ヵ月)＝5,760

(2)　顧客管理システム

(借)	販売費及び一般管理費 (ソフトウエア償却)	4,920 *1	(貸)	ソフトウエア	4,920

＊1　19,270×12ヵ月/(5年×12ヵ月－13ヵ月)＝4,920

(3)　生産管理システム

(借)	ソフトウエア仮勘定	7,560	(貸)	ソフトウエア	7,560

※ 制作途中のソフトウエアの制作費については，無形固定資産の仮勘定として計上する。

9　買掛金

(借)	買掛金	636	(貸)	為替差益	636 *1

＊1　9,540－106千ドル×CR 84円/ドル＝636

10　借入金

(1)　X6年3月31日借入分

(借)	借入金	90,000	(貸)	短期借入金	72,000 *1
				長期借入金	18,000 *2

＊1　支払回数：90,000÷6,000＝15回
　　6,000×12回（1年以内返済）＝72,000
＊2　6,000×3回（1年超返済）＝18,000

(2)　X5年10月1日借入分

(借)	借入金	200,000	(貸)	長期借入金	200,000
	支払利息	1,740		仮払金	1,740

＊1　借入金利息：200,000×1.74%(1.24%＋0.5%)×6ヵ月/12ヵ月＝1,740

(3)　金利スワップ契約

金利スワップをヘッジ手段として利用し，(2)の変動金利の借入金が金利の変動リスクにさらされるのをヘッジしている。なお，時価評価されているヘッジ手段に係る損益又は評価差額は，問題の指示により，原則的なヘッジ会計の方法である繰延ヘッジにより，ヘッジ対象（借入金）に係る損益が認識されるまで純資産の部において繰り延べる。

(借)	仮受金	240	(貸) 支払利息	240 *1
(借)	金利スワップ資産	4,800	(貸) 繰延税金負債	1,440 *2
			繰延ヘッジ損益	3,360 *3

＊1　スワップ契約純受取額：想定元本 200,000 ×（受取1.74%（1.24% + 0.5%）－支払1.5%）
× 6ヵ月/12ヵ月 = 240

※　繰延ヘッジを適用しているため，ヘッジ手段（金利スワップ）の損益の勘定科目は，ヘッジ対象（長期借入金）の損益の勘定科目に合わせ，支払利息勘定を用いる。

＊2　4,800 × 30% = 1,440

＊3　貸借差額

11　退職給付引当金

退職一時金制度及び企業年金制度を採用している場合には，当期末における期末自己都合要支給額及び年金財政計算上の責任準備金の合計額が退職給付債務となるように，退職給付引当金を設定する。

(1)　前期末の退職給付引当金の算定

前期末

年金資産（公正な評価額）		退職給付債務	
	50,130	自己都合要支給額	208,750
		責任準備金	175,640
退職給付引当金			384,390
	334,260		

(2)　当期末の退職給付引当金の算定

当期末

年金資産（公正な評価額）		退職給付債務	
	110,780	自己都合要支給額	253,080
		責任準備金	206,460
退職給付引当金			459,540
	348,760		

(3)　当期の退職給付費用

①　期中退職者への支給額

(借)	退職給付引当金	4,500	(貸) 仮払金	4,500

②　退職年金への掛金拠出

(借)	退職給付引当金	59,000	(貸) 仮払金	59,000

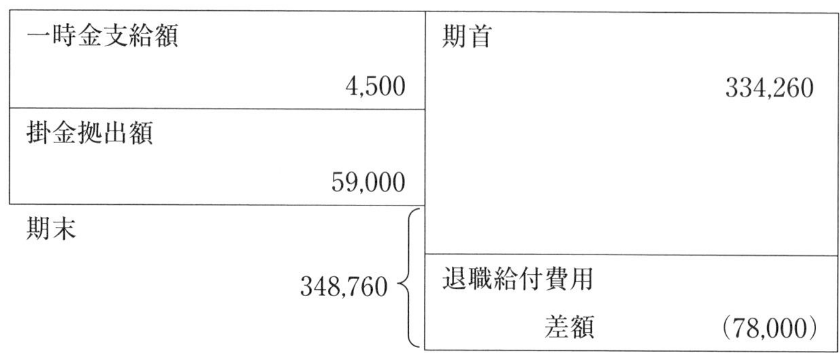

③　退職給付費用の計上

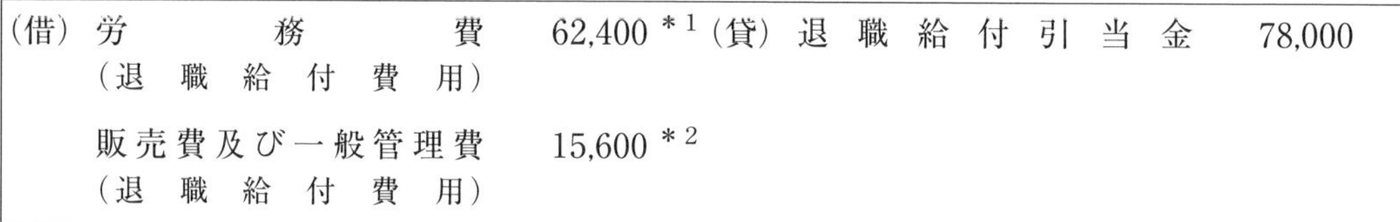

(借)	労務費 (退職給付費用)	62,400 *1	(貸) 退職給付引当金	78,000
	販売費及び一般管理費 (退職給付費用)	15,600 *2		

＊1　78,000 × 80% = 62,400
＊2　78,000 × 20% = 15,600

12　役員退職慰労引当金

(借)	役員退職慰労引当金	27,400	(貸) 販売費及び一般管理費	27,400
	販売費及び一般管理費 (役員退職慰労引当金繰入額)	20,100 *1	役員退職慰労引当金	20,100

＊1　期末要支給額 121,000 − (128,300 − 27,400) = 20,100

13　ストック・オプション

(1)　X 5 年 3 月31日

(借)	株式報酬費用	6,750	(貸) 新株予約権	6,750

＊1　付与日@200千円 × (付与50人 − 実際退職者 5 人) × 2 個 × 9 ヵ月/24ヵ月 = 6,750

(2)　X 6 年 3 月31日

(借)	労務費 (株式報酬費用)	9,220 *4	(貸) 新株予約権	11,525 *1
	販売費及び一般管理費 (株式報酬費用)	2,305 *5		

＊1　条件変更前分 8,300 (＊2) + 条件変更による価値増加分 3,225 (＊3) = 11,525
＊2　付与日@200千円 × (付与50人 − 実際退職者累計 7 人) × 2 個 × 21ヵ月/24ヵ月 − 6,750 = 8,300
＊3　(条件変更日@250千円 − 付与日@200千円) × (50人 − 実際退職者累計 7 人) × 2 個 × 9 ヵ月/12ヵ月 = 3,225
＊4　11,525 × 80% = 9,220
＊5　11,525 × 20% = 2,305

14　諸税金

(1)　法人税，住民税及び事業税の追徴納付税額

(借)	法人税，住民税及び事業税追徴税額	4,750	(貸)	仮払金	4,750

(2)　法人税，住民税及び事業税

(借)	法人税，住民税及び事業税	286,780	(貸)	法人税等	108,960
	販売費及び一般管理費（租税公課）	3,010		未払法人税等	180,830

(3)　消費税等

(借)	仮払消費税等	61,550	(貸)	仮払金	61,550
	仮受消費税等	325,725		仮払消費税等	233,025
				未払消費税等	92,300
				雑収入	400

＊1　前T / B 171,350 + 中間納付61,550 + 現金過不足（通信費）125 = 233,025

15　税効果会計（問題文【資料2】4. と 10. 以外から生じるもの）

(借)	法人税等調整額	298,830	(貸)	繰延税金資産	298,830 ＊1
(借)	繰延税金資産	329,010 ＊2	(貸)	法人税等調整額	329,010
(借)	法人税等調整額	7,170	(貸)	繰延税金負債	7,170 ＊3
(借)	繰延税金負債	9,810 ＊4	(貸)	繰延税金資産	9,810

＊1　前期末分の振り戻し
＊2　1,096,700 × 30% = 329,010
＊3　23,900 × 30% = 7,170
＊4　J社吸収合併1,200 + 金利スワップ1,440 + 7,170（＊3）= 9,810

学者×実務家からの応援メッセージ

自分の受験生時代を思い出すと，不安，焦り，苛立ちを常に感じていました。ただ，それは真剣に取り組んできた証拠です。「もうやることがない」といえる人は稀ですが，「やれることはやった」ということはできます。ここまで頑張ってきた自分を信じ，後悔のないよう，あと少し頑張ってください。最後は気合です！
（澤井康毅）

合否を分けるのは難易度の高い論点ではなく，基本的で重要な論点です。基本的で重要な論点をいつでもしっかりと得点できることの積み重ねが合格につながります。そして，計算力は，集中して学習し伸ばしたものを，継続した努力で維持していくものです。日々の努力の先にはきっと合格が待っていると信じて最後の1日まで諦めず頑張ってください！
（関口高弘）

PROFILE

澤井　康毅
1988年生まれ。慶應義塾大学経済学部卒業。帝京大学経済学部助教を経て，2018年に埼玉大学大学院人文社会科学研究科専任講師。2021年より同准教授。博士（商学）（慶應義塾大学）。専門は財務会計（組織再編会計，公正価値会計等）。公認会計士論文式試験，不動産鑑定士論文式試験に合格。

関口　高弘
1998年に公認会計士試験第2次試験に合格後，1999年に中央大学商学部卒業，2001年に中央大学大学院商学研究科修了。大手監査法人で上場企業を中心とした会計監査に従事。2002年に公認会計士登録。現在は中央大学経理研究所専任講師，中央大学商学部客員講師，朝日大学経営学部非常勤講師，高崎商科大学商学部特命講師他。著書に『会計士・税理士・簿記検定　連結会計の計算に強くなる3ステップ式問題集』（中央経済社）がある。

税理士試験＜財務諸表論＞

解 答 用 紙

解答用紙についての注意事項

◆解答用紙は，すべて切り離すことができます。

◆繰り返しチャレンジしたい場合は，あらかじめコピーして解くことをおすすめします。

出題者	回	
	第１回	かえるの簿記論・財務諸表論
	第２回	東京CPA会計学院
	第３回	瑞穂会
	第４回	学者×実務家のコラボ模試

解答用紙のダウンロード方法

本書の解答用紙を無料でダウンロードができます。
繰り返し問題を解く際などにぜひご活用ください。

■中央経済社が運営するビジネス専門書 Online へアクセス
（https://www.biz-book.jp/）

↓

■「キーワードで探す」に本書の書名を入力

↓

■該当書籍の案内ページをクリック

↓

■「解答用紙ダウンロードはコチラ」から PDF を入手

学習の記録

得点アップ&スピードアップを目指そう!

	第1回 かえる	第2回 東京CPA学院	第3回 瑞穂会	第4回 学者×実務家
日付	月　日	月　日	月　日	月　日
点数	点	点	点	点
時間	分	分	分	分
日付	月　日	月　日	月　日	月　日
点数	点	点	点	点
時間	分	分	分	分
日付	月　日	月　日	月　日	月　日
点数	点	点	点	点
時間	分	分	分	分
日付	月　日	月　日	月　日	月　日
点数	点	点	点	点
時間	分	分	分	分
日付	月　日	月　日	月　日	月　日
点数	点	点	点	点
時間	分	分	分	分

解答用紙は切り取り式!
本試験に合わせて，A4サイズに
拡大コピー（115%）して使うのも
オススメです。

第１回　かえるの簿記論・財務諸表論〈財務諸表論〉◆解答用紙

〔第 一 問〕

問１

(1)　数量計算

金額計算

(2)

問２

(1)

①	
②	
③	

(2)

問3

(1)

(2)

〔第 二 問〕

問1

①		②		③		④		⑤	

問2

問3

問4

問5

〔第 三 問〕

設問１　(1)

貸借対照表
令和6年3月31日

（単位：千円）

科目	金額	科目	金額
資産の部		負債の部	
Ⅰ 流動資産	（　　）	Ⅰ 流動負債	（　　）
現金及び預金		支払手形	39,645
受取手形		買掛金	187,562
売掛金		短期借入金	
		未払金	72,057
製品		リース債務	
材料		未払法人税等	
仕掛品		未払消費税等	
		Ⅱ 固定負債	（　　）
		退職給付引当金	
貸倒引当金			
Ⅱ 固定資産	（　　）	負債の部合計	
1 有形固定資産	（　　）	純資産の部	
建物		Ⅰ 株主資本	（　　）
機械装置		資本金	
車両運搬具		資本剰余金	（　　）
器具備品	9,540	資本準備金	
土地	140,000	その他資本剰余金	
2 無形固定資産	（　　）	利益剰余金	（　　）
のれん		利益準備金	
特許権		その他利益剰余金	（　　）
3 投資その他の資産	（　　）	別途積立金	35,700
投資有価証券		繰越利益剰余金	
		自己株式	
		Ⅱ 評価・換算差額等	（　　）
		その他有価証券評価差額金	
貸倒引当金		Ⅲ 新株予約権	
繰延税金資産			
Ⅲ 繰延資産	（　　）		
		純資産の部合計	
資産の部合計		負債及び純資産の部合計	

損益計算書

自 令和5年4月1日　至 令和6年3月31日　(単位：千円)

摘要	金額	
Ⅰ 売上高		915,000
Ⅱ 売上原価		
売上総利益		
Ⅲ 販売費及び一般管理費		
営業利益		
Ⅳ 営業外収益		
受取利息	146	
有価証券利息		
受取配当金	1,208	
仕入割引		
雑収入		
Ⅴ 営業外費用		
支払利息		
貸倒損失	1,350	
雑損失	214	
経常利益		
Ⅵ 特別利益		
Ⅶ 特別損失		
税引前当期純利益		
法人税，住民税及び事業税		
法人税等調整額		
当期純利益		

(2)

製造原価報告書

自 令和5年4月1日　至 令和6年3月31日　(単位：千円)

摘　要	金　額	
Ⅰ 材料費		
Ⅱ 労務費		
Ⅲ 製造経費		
当期総製造費用		
期首仕掛品棚卸高		
合計		
研究開発費振替高		
期末仕掛品棚卸高		
当期製品製造原価		

設問2

1株当たり当期純利益	円　　銭
1株当たり純資産額	円　　銭

第２回　東京CPA〈財務諸表論〉◆解答用紙

〔第 一 問〕

問１

(1)

①	
②	

(2)

A		B	

(3)

(4)

問２

(1)

C		D		E	

(2)

(a)	
(b)	

問３

(1)

(2)

F	

(3)

〔第 二 問〕

問１

(1)

(2) C

(3)

(a)

(b)

問２

(1) E　F

(2)

(3)

(4)

(5)

〔第 三 問〕

問1

貸 借 対 照 表

東京商事株式会社　　X6年3月31日現在　　(単位：千円)

資産の部		負債の部	
科目	金額	科目	金額
Ⅰ 流動資産		Ⅰ 流動負債	
現金預金		買掛金	
受取手形			
売掛金		未払金	3,950
未収金	5,000		
		賞与引当金	
Ⅱ 固定資産			
1. 有形固定資産		Ⅱ 固定負債	
建物			
車両運搬具			
器具備品		退職給付引当金	
		役員退職慰労引当金	
土地			
2. 無形固定資産		負債合計	
		純資産の部	
		Ⅰ 株式資本	
3. 投資その他の資産		1. 資本金	400,000
投資有価証券		2. 資本剰余金	100,000
		(1) 資本準備金	100,000
		3. 利益剰余金	
		(1) 利益準備金	50,000
		(2) その他利益剰余金	
		別途積立金	340,000
		繰越利益剰余金	
		Ⅱ 評価・換算差額等	
		純資産合計	
資産合計		負債純資産合計	

損　益　計　算　書

東京商事株式会社　　Ｘ５年４月１日～Ｘ６年３月31日　　（単位：千円）

Ⅰ 売　上　高		
Ⅱ 売　上　原　価		
売　上　総　利　益		
Ⅲ 販売費及び一般管理費		
営　業　利　益		
Ⅳ 営　業　外　収　益		
受取利息配当金		
雑　収　入		
Ⅴ 営　業　外　費　用		
支　払　利　息		
手　形　売　却　損	1,167	
経　常　利　益		
Ⅵ 特　別　利　益		
投資有価証券売却益		
Ⅶ 特　別　損　失		

(2)　販売費及び一般管理費の明細

科目	金額		
	千円		
貸倒損失			
		福利厚生費	12,154
広告宣伝費	39,389	法定福利費	15,214
交際接待費	19,172	消耗品費	10,125
荷造運搬費	3,154	水道光熱費	6,719
支払手数料		公租公課	
旅費交通費	13,517	支払保険料	2,967
通信費	11,936	修繕費	
従業員給与及び賞与		減価償却費	
		雑費	1,134
役員報酬		合計	千円

(3)　個別注記表（一部抜粋）

ア		イ	
ウ		エ	
オ		カ	
キ		ク	
ケ			

第３回　瑞穂会〈財務諸表論〉◆解答用紙

〔第 一 問〕

問１

a	b	c	d	e
f	g	h	i	

問２

収益・未収入，支出・未収入	
支出・未費用	

問３

収益・未収入，支出・未収入	
支出・未費用	

問４

問５

問６

正味売却価額	会　計　処　理
△　　　千円	

問７

問８

〔第 二 問〕

問1

a	b	c	d
e	f	g	

問2

問3

問4

問5

問6

a	b	c	d	e
f	g	h		

問7

〔第 三 問〕 －50点－

問１　甲社（第101期）の貸借対照表と損益計算書

貸 借 対 照 表

2024年３月31日現在　　　　(単位：千円)

資産の部		負債の部	
科目	金額	科目	金額
Ⅰ 流動資産	(　　)	**Ⅰ 流動負債**	(　　)
現金及び預金	(　　)	支払手形	(　　)
受取手形	(　　)	買掛金	(　　)
売掛金	(　　)	短期借入金	(　　)
有価証券	(　　)	未払金	(　　)
商品	(　　)	(　　)	(　　)
未着品	(　　)	契約負債	(　　)
貯蔵品	(　　)	未払費用	(　　)
(　　)	(　　)	未払消費税等	(　　)
(　　)	(　　)	未払法人税等	(　　)
短期貸付金	(　　)	賞与引当金	(　　)
貸倒引当金	(　　)	その他流動負債	13,884
Ⅱ 固定資産	(　　)	**Ⅱ 固定負債**	(　　)
有形固定資産	(　　)	社債	(　　)
建物	(　　)	退職給付引当金	(　　)
機械装置	(　　)	リース債務	(　　)
車両運搬具	(　　)	長期借入金	(　　)
器具備品	(　　)	資産除去債務	(　　)
リース資産	(　　)	**負債合計**	(　　)
土地	(　　)	純資産の部	
無形固定資産	(　　)	Ⅰ 株主資本	(　　)
ソフトウェア	(　　)	資本金	(　　)
投資その他の資産	(　　)	資本剰余金	(　　)
投資有価証券	(　　)	資本準備金	(　　)
関係会社株式	(　　)	その他資本剰余金	(　　)
(　　)	(　　)	利益剰余金	(　　)
(　　)	(　　)	利益準備金	(　　)
差入保証金	(　　)	繰越利益剰余金	(　　)
繰延税金資産	(　　)	自己株式	(　　)
金利スワップ資産	(　　)	Ⅱ 評価・換算差額等	(　　)
貸倒引当金	(　　)	その他有価証券評価差額金	(　　)
		繰延ヘッジ損益	(　　)
		純資産合計	(　　)
資産合計	(　　)	負債及び純資産合計	(　　)

瑞穂会解答用紙

損益計算書

自2023年４月１日　至2024年３月31日　（単位：千円）

科目	金額	
売上高		（　）
売上原価		（　）
売上総利益		（　）
販売費及び一般管理費		（　）
営業利益		（　）
営業外収益		
受取利息及び配当金	（　）	
有価証券利息	（　）	
（　）	（　）	（　）
営業外費用		
社債利息	（　）	
支払利息	（　）	
為替差損	（　）	
（　）	（　）	
（　）	（　）	
（　）	（　）	
雑損失	（　）	（　）
経常利益		（　）
特別利益		
（　）	（　）	
（　）	（　）	（　）
特別損失		
（　）	（　）	
（　）	（　）	
固定資産売却損	（　）	（　）
税引前当期純利益		（　）
法人税，住民税及び事業税	（　）	
法人税等調整額	（　）	（　）
当期純利益		（　）

問2　販売費及び一般管理費の明細

（単位：千円）

科目	金額
給与及び賞与	(　　　)
(　　　)	(　　　)
賞与引当金繰入	(　　　)
減価償却費	(　　　)
広告宣伝費	(　　　)
旅費交通費	(　　　)
支払家賃	7,200
租税公課	(　　　)
通信費	(　　　)
支払手数料	(　　　)
貸倒引当金繰入	(　　　)
ソフトウェア償却	(　　　)
貸倒損失	(　　　)
(　　　)	(　　　)
修繕費	(　　　)
その他	(　　　)
合計	(　　　)

問3

a	b	c

d	e

第４回　学者×実務家のコラボ模試〈財務諸表論〉◆解答用紙

〔第 一 問〕

問１

(1)

(a)	(b)	(c)

(2)

問２

(1)

イ.

(a)	(b)
(c)	

ロ.

ハ.

(2)

問３

(1)

(a)	(b)

(2)

(3) 　　　　の原則

〔第 二 問〕

問１

(1)

(a)	(b)

(2)

アプローチ

(3)

(c)	(d)	(d)

問２

(1)

(2)

イ．

(a)	(b)	(c)
(d)	(e)	

ロ．

〔第 三 問〕 －50点－

問１

貸借対照表

X６年３月31日現在　　(単位：千円)

科目	金額	科目	金額
資産の部		負債の部	
Ⅰ 流動資産	(　　)	Ⅰ 流動負債	(　　)
現金及び預金	(　　)	買掛金	(　　)
受取手形	(　　)	短期借入金	(　　)
売掛金	(　　)	リース債務	(　　)
製品	(　　)	未払法人税等	(　　)
材料	(　　)	未払消費税等	(　　)
仕掛品	(　　)	預り金	180,545
貸倒引当金	(　　)	契約負債	(　　)
Ⅱ 固定資産	(　　)	Ⅱ 固定負債	(　　)
有形固定資産	(　　)	長期借入金	(　　)
建物	(　　)	リース債務	(　　)
機械装置	(　　)	退職給付引当金	(　　)
工具器具備品	(　　)	役員退職慰労引当金	(　　)
土地	(　　)	資産除去債務	(　　)
リース資産	(　　)	負債合計	(　　)
無形固定資産	(　　)	純資産の部	
ソフトウエア	(　　)	Ⅰ 株主資本	(　　)
ソフトウエア仮勘定	(　　)	資本金	(　　)
のれん	(　　)	資本剰余金	(　　)
投資その他の資産	(　　)	資本準備金	(　　)
投資有価証券	(　　)	その他資本剰余金	(　　)
関係会社株式	(　　)	利益剰余金	(　　)
破産更生債権等	(　　)	利益準備金	(　　)
金利スワップ資産	(　　)	その他利益剰余金	(　　)
繰延税金資産	(　　)	別途積立金	(　　)
貸倒引当金	(　　)	繰越利益剰余金	(　　)
		自己株式	(　　)
		Ⅱ 評価・換算差額等	(　　)
		その他有価証券評価差額金	(　　)
		繰延ヘッジ損益	(　　)
		Ⅲ 新株予約権	(　　)
		純資産合計	(　　)
資産合計	(　　)	負債及び純資産合計	(　　)

損益計算書

自X5年4月1日　至X6年3月31日　　　　（単位：千円）

科目	金額	
Ⅰ 売上高		（　　）
Ⅱ 売上原価		（　　）
売上総利益		（　　）
Ⅲ 販売費及び一般管理費		（　　）
営業利益		（　　）
Ⅳ 営業外収益		
受取利息及び配当金	（　　）	
雑収入	（　　）	（　　）
Ⅴ 営業外費用		
支払利息	（　　）	
〔　　〕	（　　）	
雑損失	（　　）	（　　）
経常利益		（　　）
Ⅵ 特別利益		
固定資産除却損	4,100	
〔　　〕	（　　）	（　　）
Ⅶ 特別損失		
固定資産除却損	7,640	
貸倒損失	（　　）	
投資有価証券評価損	（　　）	
減損損失	（　　）	
貸倒引当金繰入	（　　）	（　　）
税引前当期純利益		（　　）
〔　　〕		（　　）
〔　　〕		（　　）
〔　　〕		（　　）
当期純利益		（　　）

問２

製造原価報告書

自X５年４月１日　至X６年３月31日　（単位：千円）

科　目	金　額
材料費	（　　）
労務費	（　　）
製造経費	（　　）
当期総製造費用	（　　）
期首仕掛品棚卸高	（　　）
合計	（　　）
期末仕掛品棚卸高	（　　）
研究開発費振替高	（　　）
当期製品製造原価	（　　）

問３

売上原価明細書

自X５年４月１日　至X６年３月31日　（単位：千円）

科　目	金　額
期首製品棚卸高	（　　）
当期製品製造原価	（　　）
合計	（　　）
期末製品棚卸高	（　　）
見本品費振替高	（　　）
売上原価	（　　）